明治人の観た福澤諭吉

伊藤正雄 編

慶應義塾大学出版会

題言

一、……福澤諭吉が同時代の人々、および後代の人々からいかなる評価を受けたかを明らかにするのは、福澤研究の重要な課題であろう。しかしその資料は、ほとんど無数というに近く、到底微力な私の能くするところではない。そこで本書は、とりあえず福澤の生存時代を熟知していた明治の代表的な学者・論客および文壇人二十余家の福澤論四十数篇を、諸種の文献より抄録することにした。必ずしも網羅主義によらず、よく福澤の特色をとらえ得たと思われるものや、筆者自身の面目を示すに足りるものを選んだつもりである。しかし重要な資料で、管見に漏れたものも少なくないであろう。江湖の示教を仰ぎたい。

一、……ここに収載した文章は、二、三の例外を除き、明治二十年代以降、明治末年までに書かれたものである。けだし福澤論のややまとまった形のものが現われるのは、二十年代以後のようである。これは出版やジャーナリズムの発達もさることながら、この時期に至って、福澤が半ば歴史的人物として評価されるようになった事情をも見のがせぬであろう。

一、……福澤について論じた文章は、なんといっても慶應義塾関係者のものが断然多い。しかしそれらはすでに周知のものが多く、また成書としてまとまったものもあるので、本書は福澤門下生や福澤と特に交渉の深かった政治家・実業家などの文章は省き、福澤の息のかからぬ人々の文章のみを採録する方針を執った。往々誤解や偏見も混っているが、各人各様の見方を通して、おのずから福澤の長短両面とその全貌が髣髴するであろう。それが本書の主眼である。

一、……あまり長文のものや、さまで必要がないと思われる部分については、（上略）（中略）（下略）として、圧縮したところが少なくない。ひとり紙幅節約の意味ばかりではなく、その方が筆者の主旨を端的にとらえ得るからである。

一、……原文の漢字・仮名づかい・送り仮名などは元のままであるが、明白な誤字や誤植は正した。ルビは付けぬのを原則としたが、難読の語に限り、新しく付したものも若干ある。濁点および句読点は、原文の如何にかかわらず、適当にこれを施した。また原文にある◎〇、などの圏点は、特に必要と思われるもの以外は除いた。

一、……原文に題名のある文章は、おおむね原題名のままとしたが、無題のものや、原題名が抄出部分に妥当しない場合は、（仮題）と記して、適当な題名を付けておいた。

一、……配列の順序には、厳密な原則は立てていない。一応筆者の社会活動開始時期の前後などを考慮に入れたが、必ずしもそれに拘泥せず、同じ結社の人や、思想系統の類似した人々など（例えば民友社の徳富蘇峰と山路愛山、クリスチャンの植村正久と内村鑑三の如き）は、一続きに配列した。

一、……原文ごとに付記した編者の解説は、つとめて簡約を旨とした。

一、……先著『福澤諭吉論考』（昭和四四刊、吉川弘文館）の諸篇中に引用したため、本書に省略した資料が少なくない。なかんずく、「明治十年代前期におけるジャーナリズムの福澤批判」には、従来未紹介の資料を多く載せておいた。彼此併看されることを希望する。

一、……資料の収集については、慶應義塾の土橋俊一氏・元慶應義塾図書館勤務の太田臨一郎氏・東大明治新聞雑誌文庫の西田長寿氏・国立国会図書館の朝倉治彦氏などの御配慮を煩わした点がある。御厚志を深謝したい。

一、……付録「南方熊楠の福澤への傾倒について」の執筆者笠井清氏（甲南大学教授）は、明治学界の巨人南方熊楠に関して、他の追随を許さぬ研究家である。特に本書のために、示唆に富む論考を寄せられた友情は感銘に耐えない。

一、本書の刊行は、慶應通信社長富田正文氏の御好意のたまものにほかならない。衷心より御礼を申し上げる次第である。また校正に当られた同社編集部員諸氏の労をも併せて多とする。

昭和四五年八月　**伊藤正雄**

編集部注――本書は、一九七〇年九月に当社より『資料集成　明治人の観た福澤諭吉』として刊行したものである。復刊にあたり、編者の執筆箇所については現代仮名遣いとし、明らかな誤りは訂正した。

目次

題言 …… i

01 旧友福澤諭吉君を哭す　福地桜痴 …… 003
福澤いわく、「慎みて政府と提挈するなかれ。提挈せば、必ず足下を誤らん」と。はたして然り。失意の才人桜痴が晩年の述懐。

02 福澤先生の文章（仮題）　中江兆民 …… 006
福澤文天下これより飾らざるなく、これより自在なるなし。

03 福澤翁逝けり　田口鼎軒 …… 007
啓蒙家としての歴史的地位は、近世初頭の藤原惺窩に似たり。○六歌仙に見立てられたる福澤。

04 福澤諭吉君と新島襄君　徳富蘇峰 …… 009
明治年間教育の二大主義を代表す。物質的知識の教育と、精神的道徳の知識と、各々その志すところは同じからざれども、独立独行、日本の一市民を以て絶大の事業をなせるは、その揆を一にせり。特に福澤の感化の大なるに比すべきは、ただフランスのヴォルテールあるのみ。

05 文字の教を読む――文学者としての福澤諭吉君 **徳富蘇峰** …… 015
『文字之教』における福澤の文章の手腕・特色を説いて詳悉を極む。

06 福澤諭吉氏の政治論 **徳富蘇峰** …… 024
福澤の十年一日の如き官民調和論、および露骨なる資本家擁護論への反論。

07 福澤翁 **徳富蘇峰** …… 029
世人多くは、言高うして行卑し。翁はこれに反す。翁は敵人に誤解せられ、味方に了解せられず。天下の人、福澤の言を学ばずして、その人を学ぶべし。○福澤の「還暦寿莚の演説」を礼賛。

08 瘠我慢の説を読む **徳富蘇峰** …… 033
『瘠我慢の説』の失当を論じて、勝海舟のために弁護これ力む。

09 福澤諭吉君の著述とその人物（仮題） **山路愛山** …… 038
人も文も平民的なり。彼は英雄崇拝を教えず、宗教・哲学の価値を教えず。故に一党派の首領たるべきも、国民の嚮導者たる能わず。

10 欧化主義に対する最初の反動者（仮題） **山路愛山** …… 044
上げ潮ムードのキリスト教流行に対して、福澤はその信徒を「字を知る乞食」と痛烈に批判せり。

11 偏人福澤先生（仮題） 山路愛山……048
福地桜痴居士は才子にして通人なり。福澤先生は偏人の大なるものなり。偏人なるが故に、世に抗して、ひとり黄金尊重の精神を高唱し、才人桜痴居士の失脚を尻目にかけて、堂々たる成功者となれり。

12 福澤先生の政治論（仮題） 山路愛山……054
先生の論は、常に全体の権衡を失わざるを旨としたり。先生は世を動かすよりも、世運を牽制する点にその長所を発揮せり。

13 福澤翁と敬宇先生（仮題） 北村透谷……056
福澤翁は旧世界の大改革家なり。敬宇先生は静和なる保守家なり。

14 福澤先生 戸川秋骨……059
福澤先生の教育を物質的、新島先生の教育を精神的とするは無意味なり。むしろ福澤先生が宗教に拠らずして、よく精神的教育の実を挙げたるは、偉大なる人格の力といわざるべからず。

15 福澤諭吉と大隈重信 三宅雪嶺……063
福澤と大隈との人物の類似と異同を論じて、簡潔的確なるもの。

16 天爵を重んずること、三百年間類を見ず（仮題） 三宅雪嶺……067
政治家の後塵を拝して、人爵に恋々たる世の学者連に比し、福澤が天爵のために気を吐ける態度を激称。

17 独立自尊も大阪流（仮題） 三宅雪嶺 …… 069
福澤は権力に対して瘠我慢を張り、金力に対してこれを張らざるは、独立自尊も大阪流とすべし。

18 政論社会の通人（仮題） 陸羯南 …… 071
福澤氏は社交上の急進家にして、政治上の保守家なり。

19 福澤翁の修身要領 朝比奈知泉 …… 074
『修身要領』は、忠孝の徳を説くこと甚だ粗なり。また教育勅語にて言も言及せず、勅語以外に、別に修身の規準を設くるは、国民の徳風を害するものというべし。

20 福澤翁の『修身要領』を評す 井上哲次郎 …… 080
服従なき独立自尊は危険なり。また、道徳は変化するものなりとのみ説けるも妥当ならず。

福澤翁の主義は一方に偏す。

21 福澤諭吉氏 高山樗牛 …… 085
福澤氏は現今の日本中心主義を誤解せり。その旧態依然たる欧化生辰は、時勢を知らざるものなり。

22 功利学普及の功罪（仮題） 高山樗牛 …… 087
明治初年における実益功利の学の普及には、福澤氏の功績の大なるを認めざるを得ず。その感化は中村正直氏を逼かに越えたり。

23 『修身要領』の功罪（仮題）　高山樗牛……091
○板垣伯と福澤氏（板垣伯の自由主義も、福澤氏の功利論も、今日はすでにその流弊の甚だしきに耐えず）。
○三田翁の所謂道徳（『修身要領』は浅薄なる世渡りの術を教うるにすぎず。かえって世の腐敗を助長せんことを恐る）。
○『修身要領』の巡回演説（『修身要領』の価値は高からざるも、福澤翁の人格の反映たる点に、他の企及すべからざる強みあり）。

24 福澤氏の瘠我慢説　大町桂月……095
勝、榎本二氏が、維新の際、朝廷に恭順せしは、国体を弁えたるものなり。二氏が明治政府に仕えしは、日本海軍のために尽したるものなり。その心事、豊俗輩のよく解するところならんや。

25 福澤諭吉を弔す　大町桂月……098
諭吉は常識的偉人なり。彼は国体を解せず、眼中国家皇室なかりしは許すべからず。されど忠君愛国の仮面をかぶれる偽善者を教育せざりしは、一個の見識なり。夙に金の力を国民に教えたるは、時務を知れるものなれども、銅臭の社会を作れる責任は免るる能わず。

26 福澤翁と大隈伯　大町桂月……103
両者は在野教育家の双璧なり。福澤翁の学問は、時代の推移とともに消滅すべけれど、その文章は万古に輝くべし。大隈伯の本領は経世家なり。教育家としての伯は、その死とともに消滅すべし。

27 新聞記者としての福澤諭吉翁　鳥谷部春汀……105
福澤翁は天生の大新聞記者なり。教育家たるよりも、むしろ新聞記者たるの資格を完備す。

28 福澤諭吉翁　鳥谷部春汀 …… 111
福澤の著作生活を前期『福澤全集』の時代と、後期『福翁百話』の時代とに分ちて、各々の特質を論ず。

29 福澤先生　竹越三叉 …… 117
先生の人物言行は、ヴォルテール・フランクリンおよび荻生徂徠に類す。

朝鮮問題はその唯一の政治的恋愛なりき（とて、日清戦後における対朝鮮政策に関して、福澤の苦心せし秘話を紹介す）。性大胆敢為なれども、文章を草するや、細心を極む。夙に欧州主義を首唱したれども、実は純然たる日本武士なりき。

30 福澤先生の諸行無常　植村正久 …… 127
「人間万事小児の戯れ」という福澤晩年の哲学に対する批判。

31 福澤先生の感化とその安心法　植村正久 …… 131
福澤とその門弟との麗しき情愛を示す一佳話の紹介。

32 福澤先生を弔す　植村正久 …… 135
詳密にして公平なる人物論。文学者としての福澤の功績をたたえて、福地桜痴の上に置き、またフランクリンとの類似につきて特筆す。『福翁自伝』の価値をいち早く認む。

33 福澤諭吉翁　内村鑑三 …… 143
拝金宗流布の害毒は、薩長政府の害毒を凌ぐ。反福澤論の最先端。

34 福澤氏の宗教家に対する説教　内村鑑三……145
己れの信ぜざる宗教を他人に奨励するは、己れが良心と己れが国人とを害するものにあらずや。

35 教育の真義（治者と被治者）　新渡戸稲造……149
官立学校は治者を作り、私立学校は被治者を作る教育機関なり。福澤先生の教育精神も、けだしそこにあるべし。少数の偉人を作るよりも、一般人の知識を高めたるところに先生の面目を見る。

36 福澤諭吉翁　島田三郎……155
福澤翁の卓越せる所以は、その所信を忠実に実行せる点にあり。ヴォルテールとの比較論。

37 福澤翁の『新女大学』を評す　木下尚江……159
福澤翁の愛情論は物質的、肉欲的なり。女子の独身生活の意義を認めず、未亡人の再婚を奨励したるが如きは、女性の精神的愛情や、理想的安心法を顧みざるものなり。

38 修身要領を読む　幸徳秋水……168
個人の独立自尊のみに偏して、社会の平等調和や、公義公徳に関する立言の粗に過ぐるを憾む。○福澤に傾倒すべきは、平凡の巨人たるにあり。

39 啓蒙思潮の先導者（仮題）　大西祝……173
頑迷なる国家主義の風潮を排し、明治初年の福澤の啓蒙精神に帰るべきことを提唱。

40 『福翁百話』を読む　綱島梁川……177
『百話』には採るべき所見も多けれども、人生を本来戯れと知りながら、この戯れを戯れとせずして、真面目に勤めよ、と教うるが如きは矛盾にあらずや。その説くところ、円転滑脱の妙はあれども、心霊の深処を照らす光明を欠く。

41 福澤翁の『新女大学』を評す　津田左右吉……184
『女大学評論』は正鵠を失するふし多きも、『新女大学』はおおむねわが意を得たり。但し女子の教訓に関して、精神的訓練を軽視せるきらいあり。また、父手別居を主張せるは実行困難にして、且つ家庭の慣習を破壊する恐れなきにあらず。若き未亡人の再婚も、特に奨励するほどの必要はなかるべし。

42 明治文壇最初の新文学者（仮題）　岩城準太郎……188
福澤の成功の半ばは、彼の創始にかかる新文体に存す。彼は平明達意の散文を以て、新文壇最初の新文学者たる光栄を担えり。

43 福澤諭吉の文章（仮題）　正宗白鳥……191
福澤初期の文章には、同時代の学者のそれの如き虚飾の弊なく、独創のひらめきを見る。但し『福翁百話』など晩年の筆は、清新味を失えり。

44 福澤諭吉氏　容膝堂主人……199
その平民主義は敬すべきも、物質主義の流弊と宗教的浅薄性とは憾むべし。

45 衆議院議長の最適任者（仮題） 陸羯南 …… 206
福澤老の決心を促す。

46 学界貴族主義への警鐘（仮題） 陸羯南 …… 211
工学会への出席拒否の顚末。

《付録》南方熊楠の福澤への傾倒について——『南方熊楠全集』中の資料の解説 笠井清 …… 215

索引 …… 227

明治人の観た福澤諭吉

旧友福澤諭吉君を哭す

01 福地桜痴

噫々余が旧友福澤諭吉君終に逝けり。君前年大患に罹り、幸に病癒たりしに、再発して激症に陥れりと聞えたるが、天、君に幸せず、何ぞ易簀の速かなる、悲哉。

余が君を識る、安政六年の春に在り。是より先き余は郷里長崎に於て名村桃渓先生に蘭語を学び、学半にして江戸に来り、森山多吉郎先生の塾に入りて英書を修む。而して福澤君は夙に大坂に遊び、緒方洪庵翁の塾に入りて蘭書を修め、学成りて江戸に来り奥平邸内に寓し、英語を中浜万次郎翁に学べり。当時江戸に在りて英書を読むものは森山先生、英語を話すものは中浜翁の二人あるのみ。森山先生は小石川に住し、中浜翁は芝新銭座に居り、相距る一里半余、この遠路を意とせずして、余は隔日中浜翁に就て英語の会話を学び、福澤君も亦時々森山先生の許に来りて英書の読法を授かれり。余と君と相識れる、実に此時に始まる。時に余年甫て十九、君は余より長ずる五歳にてありき。

既にして余は外国方の通弁官と成り、君も亦外国方の翻訳官と成りて、倶に僚友の誼を厚くし、其後文久元年幕府公使初めて欧洲諸国に発派の時に際し、君と余と又倶に訳官を以て之に随行し、爾来戊辰之変に至るまで、倶に外国方に奉職せり。今にして之を回顧すれば、恍として前世の一夢の如し。

幕府の末路に際し、余は時勢に憤激して頻に議論を以て当路を犯せしに、福澤君は平然として書を読み、時勢に感ぜざる者の如くなりき。余は求めて事務を執り、才を試みらるるに熱心なりしに、君は勉めて事務に遠ざかり、曾て当路の門に出入せざりき。已にして戊辰の騒乱に際し、余は四方に奔走し、禍を買ふに至りしに、君は塾を開きて書生を教授し、更に時変に関係する所なかりき。進退去就の同じからざる斯の如くなりしを以て、両人相会へば輙ち議論を異にし、互に相争ひて下らざりしと雖も、友情に至りては十年一日、会合の稀なるを以て曾て其志を渝ざりき。

余は明治二年なりと記憶す。君は余に告げて曰く、今や薩長土肥の諸藩、維新の功勲を以て朝政の枢機を専有す。足下は幕府の遺臣なり。出て仕ふるも牛後に居るに過ぎざるべし。足下当世に志あらば、塾を開きて書生を教へ、多く門生を養ひ、他日の羽翼を作るべしと。余は其言の理あるに服し、君の忠告に従ひ家塾を開きしが、幾も無くして之を閉ぢ、明治政府に出仕したりき。

明治七年余が東京日々新聞を主宰するに当り、君は余に告げて曰く、足下が新聞事業に従ふ、太だ好し。唯々慎みて政府と提挈すること莫れ。提挈せば必ず足下を誤らんと。果して然り。余は君の忠告を挌遵《（マヽ）》せざりしが為に我を誤りたりき。噫々君は余が益友なり、信友なり。君曾て余に背かず、余実に君に背けり。而して幽冥忽ち其所を異にす。余復何をか言はん、悲哉。君の我日本帝国の文明に大功あるは天下の挙て知る所たる。君の慶應義塾は俊秀を出すの淵叢たり。君の著書演説は時論を喚起するの警鐘たり。世間或は君の学術議論を評して、浅薄浮躁の議を為す者ありと雖も、是畢竟君の本領を知らざるの言なり。欧米の文明を咀嚼して以て之を日本化せるもの、君を外にして誰ありとする乎。噫々君の声名は以て千載に伝るに足れり。而して君の心事を知れる旧友は往々物故し、今日に於ては纔に余を存するのみ。其訃を聞きて流涕滂沱、これを弔する詞を知らず。噫々悲哉。

明治三十四年二月四日　　　四十年来の旧友　福地源一郎

（『日出国《やまと》新聞』。『福澤先生哀悼録』。『福澤諭吉伝』四、四二五―七）

◉――福地桜痴《ふくちおうち》（本名源一郎。天保一二―明治三九。一八四一―一九〇六）は、いうまでもなく明治初期最大の新聞人である。福澤とともに洋学の先駆者であり、幕末以来、自他ともに許した好敵手であった。明治十年代までの両者の名声は、全く相伯仲したと言っていい。しかし、福澤が『時事新報』を経営して、ジャーナリストとしても成功したのに反して、福地は多年主宰していた『東京日々新聞』を明治二一年に退陣して以来、全く不遇となった。その後、僅かに劇作家・小説家として新生面を開いたとはいえ、晩年の声価は、福澤に比すべくもなかった。この弔文には、失意の才人福地の偽らざる感慨が流露しているといえよう。

02

福澤先生の文章（仮題）

中江兆民

議論時文、故福澤先生、福地桜痴、朝比奈碌堂、徳富蘇峰、陸羯南、是れ其最なる者。福澤文、天下之れより飾らざる莫く、之れより自在なる莫し。其文章として観るに足らざる処、正に一種の文章也。桜痴才筆、諸体を該《か》ぬ。而して一種封建の臭気有るは奇と謂ふ可し。蘇峰直訳体、蓋し殆ど其創立する所にして、一時天下を擅にせり。碌堂、羯南倶に漢文崩しにして、時に措語不消化の弊有り。或は急普請の漢学者たるに因るもの耶、非か。

（明治三四刊『一年有半』。岩波文庫本四七）

◉——明治十年代から二十年代にかけて、自由党の代表的論客だった一代の奇才中江《なかえ》兆民《ちようみん》（本名篤介。弘化四—明治三四。一八四七—一九〇一）が、絶筆『一年有半』において、「議論時文の最なる者五人」としてあげた福澤以下五人のジャーナリストの文章評。なお兆民は、同書に「余近代に於て非凡人を精選して、三十一人を得たり」として、幕末から明治にかけての各界の偉材を列挙した中に「福澤」を数え、「然り而して伊藤、山県、板垣、大隈は与からず」と断っているのは皮肉である。（岩波文庫本六一）

福澤翁逝けり

03 田口鼎軒

明治の巨人福澤諭吉翁逝けり。余は深く国家の為に此の名物を失へるを惜まざるを得ず。余の翁に於ける、実に交際なし。豈に特に交際なきのみならんや、余は数ば論鋒を翁に向けたるものの一人にてありき。（中略）故に余は、長者を敬するに於て人後に落ちざることを期するものなりと雖も、終に親炙するの時機を得ざりしなり。

然りと雖も、余は翁の巨人たることを許すものなり。翁は他人の企及すべからざるの事業を成せり。慶應義塾を設立したること是なり。時事新報を発行したる事是なり。時勢の変大に其成功を助けたるものありとは云へ、独立独行、毫も他に求むる所なくして之を大成するに至りては、其の志操の堅固にして其の計画の周密なるにあらざるよりは、焉ぞ能く此の如くなるを得んや。概して之を評するに、翁は明治の初めより今日に至るまでの間に於て、欧米文明の一手販売者にてありしなり。他に之と競争せんとするものなきにあらずと雖も、素より比肩する能はざりき。既に夫れ文明の一手販売者たり、故に其の店頭に陳列するもの、必ずしも精巧典雅にあらずと雖も、其価廉にして、広く世間の需要に応ずるの貨物は遺す所なきなり。議者或は翁の学識文章の至らざることを論ずるものあり。是れ猶ほ藤原惺窩の学識文章を笑ふと同一なるのみ。惺窩の功は、戦国の末期に於て漢文を再興したるにあり。翁の功は、封建の末路に於て英学を興したるにあり。惺窩文集世に存するもの、殆ど一読を値せず。然れども之を以て漢文再興の功は没すべからず。翁の著述亦世の非難を免れず。然れども之を以て翁の功を没すべからざるなり。況んや其世に及す所の勢力、遠く惺窩の上にあるをや。

故に福澤翁は我国家を飾るの人物たりしなり。然るに今之を失へり。豈に哀しからずや。

（明治三四、二、九『東京経済雑誌』一〇六七号。『福澤先生哀悼録』。『鼎軒田口卯吉全集』八）

◉――田口鼎軒《たぐちていけん》（本名卯吉。安政二―明治三八。一八五五―一九〇五）は、福澤からひそかに多くを学びながら、多くを批判した自由主義の学者であり、ジャーナリストであった。彼が明治十年代初頭以来、福澤の通貨論・鉄道論・宗教論等に反駁したことは、かつて拙稿「明治十年代前期におけるジャーナリズムの福澤批判」（拙著『福澤諭吉論考』所載）の中に紹介した。この文章で福澤を藤原惺窩に比したのは、歴史家らしい着眼といえよう。

◉――明治三一年五月の『東京経済雑誌』で、鼎軒が福澤以下、当時の諸大家の文章を古今集序の六歌仙の評語に擬して、

福澤雪池《せっち》は、詞巧みにして其様身におはず。云はば商人の好き衣着たるが如し。福地桜痴は、あはれなる様にて強からず。云はば好き婦のなやめる所あるに似たり云々。

と言っているのは、洒脱な彼の一面を示すものであろう。（「雪池」は即ち「ユキチ」で、福澤の号）。

福澤諭吉君と新島襄君

04 徳富蘇峰

（上略）我が維新以来、教育家を以て自から任ずるもの甚だ少しとせず。或は開発主義と謂ひ、或は注入主義と謂ひ、或は支那流義（儀）の道徳を以て明治の青年を検束せんとする者あれば、或は又体育を専らとし、歩兵操練を以て教育の主眼と為す者もあり。滔々たる天下の教育家、箒にて掃き桝にて量るに遑あらずと雖も、所謂る天下の英才を得て之を教育し、山高く水長く、感化を天下に及ぼす者、果して焉くにある。吾人は今指を屈して二個の先生を得たり。一を福澤諭吉君と曰ひ、他を新島襄君と曰ふ。（中略）

蓋し我邦教育の事業は、政府の手に依つて成就したる者多きや、抑も又人民の手に依つて成就したる者多きや、何人も其の皮相よりすれば、政府のお蔭なりと謂はぬ者はあらざるべし。仰いで帝国大学赤煉瓦の天に聳ゆるを観、俯して教育博物館、図書館等の甍を並べて立つを観れば、政府が教育世界に為したる事業の甚だ少きに非ざるを察すべし。（中略）然りと雖も、政府と民間とは何れが教育世界に於て感化の勢力を有したりや、更に之れを再言すれば、政府と民間とは何れが多く日本青年の気風、性質、品行等に其感化を及ぼし、併て明治社会を包蔵する大気に其感化を及ぼしたるや。疑問茲に到れば、吾人は猶予なく民間の力政府に優れること万々なるを断ぜんと欲す。而して此民間の力とは抑も誰の力ぞや、概して論ずれば、吾人は猶予なく福澤諭吉君と、新島襄君との二君こそ、即ち其人なりと謂はむ。

蓋し福澤君の教育上に於ける事業は、既に芽を発し、花を開き、実を結べり。新島君の事業に至つては、纔かに芽を発したる迄なり。故に福澤君の事業を論ずる時には、吾人は歴史家の資格となり、新島君の事業を論ずる時には、吾人は預言者の位地に立たざる可からず。斯の如く二君の事業は、其前後する所あれども、吾人は二君を以て我邦教育世界の重なる感化力と謂はずんばあらず。何となれば、二君は実に明治年間教育の二大主義を代表する人なればなり。即ち物質的知識の教育は、福澤君に依つて代表せられ、精神的道徳の教育は、新島君に依つて代表せらる。(中略)

人或は福澤君の教育を以て、無主義の教育と為す者あり。然れども其無主義の如く見ゆるは、即ち最も其主義の一貫したるを証すべし。勿論君が二十年間唱道したる所の議論をば、其著述したる所のものに就て、即ち西洋事情、学問の勧め、文明論の概略、分権論、民情一新、時事小言、近くは時事新報の社説に至る迄、細に之れを点検したらば、随分自家撞着も多かるべし。然りと雖も、自家撞着の議論、君に於て何かあらん。何となれば君が唱道する所の者は、皆時世に応じて立てたる議論なればなり。即ち能く世と推し移り、物に凝滞せざるは、君が本領にして、君が感化を天下に及ぼしたるは亦た此に存す。蓋し『コンモンセンス』の主義たる、素より斯の如くならざる可からず。

(中略)然りと雖も、君は決して時勢に後れて時と推し移るに非ず、時勢に先だつて推し移るなり。是れ所謂る君が明治の社会に超然独歩する所以にして、君が独得の技倆亦た此に在り。時勢の将さに変ぜんとするや、君先づ之れを観る。吾人は君の眼孔の果して千里の遠きを照らす夜光の珠なるや否やを知らず。然れども世人が毎に蹈み迷ふ一寸先の足場は、君実に之を観る。其の烱眼なる、恰も梟鳥《けうてう》の暗中に物を視るが如し。（中略）蓋し君の明治世界に於ける感化の大なるは、他に比す可きものなし。若し之ありとせば、それ唯だ第十八世紀の下半に於て、仏国の人心を支配したるヴォルテール其人あるのみ。

然りと雖も、君の事物を観察するや、毎に其中央の点に於てせずして、多くは両端に於てす。中央の道は最も確なる道なりとハンプデンが服膺したる金言は、君に於て甚だ迂闊なりとするの道にして、君の鋭眼は、毎に中央の正面に反射せずして、両端の側面に反射するが故に、其の議論奇警非凡、往々人をして其意外に驚かしめ、人の爽快なる驚喜を促して止まずと雖も、之が為めに其結果は、君が思ひ及ばざる所に迄、君が議論の影響を来し、所謂る曲れるを矯めて直きに過るの憂は、往々にして之れ有るが如し。是れ畢竟、君が感化の甚だ大なるが故に斯の如しと雖も、之が為めに君の議論と君の本意と往々齟齬することあるは、吾人聊か君の為めに歎息する所なり。

然りと雖も、又君に向て敬服すべき者甚だ少しとせず。何人と雖も、其勢力を有することは容易なれども、其勢力を誤用せざることは甚だ難し。クロンウエルは鉄騎を有せり、然れども之が為めに心ならずも兵隊政治を行へり。西郷隆盛は私学校を有せり、然れども之が為めに心ならずも十年内乱の総大将となれり。又現今に於て、世の所謂る壮士輩の主領と仰がるる人々無きに非ず、然れども其の力は能く壮士をして平和、穏当、正大の挙動を為す能はしめざるは何ぞや。職として彼等が率ゐる所の者を、能く支配する能はざるに依る。独り福澤君に至ては然らず。君が直接間接の教育を受けたる者は、幾千人あるを知らず。然れども未だ一人の国事犯罪人となる者無く、爆裂弾を抱いて強盗する者無く、皆社会に立つて、現今の所謂る中等社会に立つて、各其処世の道を誤る者無きは、実に君の力も亦大なりと謂はざる可らず。（中略）

新島君の教育主義に至つては、全く之れと相反せり。素より生活を忘るるに非ず、然りと雖も、更に高尚なる生活世界に立たんことを目的とする者なり。高尚なる生活社会とは、即ち精神的の世界にして、之れを宗教家としては、啻に祈禱讃美をなす宗教たるのみならず、併せて上帝の眼中に於て義とせらるる宗教家たらんを欲し、之れを政治家としては、独り利巧なる政治家たるに止まらず、併せて民を愛し国を愛するの政治家たらんを欲し、之れを文学者としては、独り能文なる文学者たるに止まらず、併せて正義を愛し真理を愛する誠実なる文学者たらしめんと欲し、之を事業家としては、独り経営力作の事業家たる耳ならず、併せて正真憐愛なる事業家たらしめんと欲し、之を人民としては、独り其衣食に汲々たるのみならず、併せて其の品行性質気風の上に於て、更に高尚甘美なる所の生活を得せしめんことを欲す。君は果して其欲する所を達したるや、想ふに未だ達せざるべし。然れども君が達せんと欲する所の積誠は、惟ふに之れを達するの日あるべし。吾人は誠に一日も速かに其日に達せんことを望む。

凡そ事物の順序は、粗より精に入り、簡より繁に入り、卑近より高尚に入る。泰西の文明を輸入するに際して、其の物質的知識上の文明の最初に来るは、素より当然の事にして、福澤君が之れを輸入したるは、吾人が実に君に向て感謝する所の者なり。然りと雖も、物質上の文明は、所謂る文明の花にして、如何に美麗なりと雖も、如何に便利なりと雖も、苟も其根柢を移し来つて之が涵養を為さずんば、一朝にして枯死せんことを懼る。然らば則ち精神的道徳の文明を移し来るは、実に今日の急務にして、吾人は新島君の事業の一日も速かに其感化を天下に及ぼさんことを願ふ。（中略）福澤君の事業は噴水の如し。其掀揚《けんやう》飛舞するや、人皆之を望んで快と称せざるはなし。新島君の事業に至つては、宛も木の葉を潜る清泉の如し。山寂々、林寥々、何人も気附かざる可し。然れども水質の清潔健全なるに至つては、此れ却つて彼れに優れる所無きに非ず。

之れを要するに古人の所謂る『智者楽ㇾ水。仁者楽ㇾ山。智者動。仁者静』とは、独り二君の教育主義を評するに適当の語たるのみならず、併せて二君を評するにも亦適当の語たる可し。二君素より其志す所に於て、一も同じき所あらず。然れども独立独行、政府の力を仮らず、身に燦爛たる勲章を佩びず、純乎たる日本の一市民を以て、斯の如き絶大の事業を為し、且つ為さんとするに至つては、則ち其揆を一にせずんばあらず。想ふに二君が楽む所の者は、天下の公侯将相の得て与かる所に非ざる可き歟。

（明治二一、三『国民之友』一七号。明治二五刊『人物管見』。『蘇峰文選』）

◉——徳富蘇峰《とくとみそほう》（本名猪一郎。文久三—昭和三二。一八六三—一九五七）は、田口鼎軒の斡旋によって明治十年代の末に論壇に登場した新進のジャーナリストであった。二〇年民友社を起して、綜合雑誌

『国民之友』を創刊し、平民主義を鼓吹して、青年の間に絶大な人気を博した。彼は同志社に学んで、人格的には生涯新島襄に傾倒していたが、事業の面ではむしろ福澤に範を仰いだ観がある。この文章は、福澤・新島ともに健在だった時代に、この二大先輩の功績に対して平民主義者たる筆者の立場から捧げた賛辞ともいうべきものである。『国民之友』において、蘇峰は福澤を論ずることしばしばであったが、この文章は、蘇峰初期の福澤論の代表的なものといえよう。（拙著『福澤諭吉論考』所載「福澤諭吉と勝海舟、新島襄、徳富蘇峰」参照）。

●——蘇峰の出世著作は、『将来之日本』（明治一九刊）『新日本之青年』（同二〇刊）の二書である。彼は『新日本之青年』の中で、現代教育の一派偏知主義の代表者として福澤を挙げ、偏知主義教育が徳育を無視する弊を指摘して、福澤の著『徳育如何』（明治一五刊）の欠点に言及している。しかしこの蘇峰の両著に、『学問のすゝめ』『文明論之概略』をはじめ、福澤の諸著の換骨奪胎がいかに多いかは、証跡歴然たるものがある。初期の蘇峰の思想形成に、福澤の影響が大きかったことは争うべくもない。

文字の教を読む
文学者としての福澤諭吉君

05 徳富蘇峰

三月の末西京滞在の節、一日某氏の書斎にて、薄き冊子の目に着くあり。題して文字之教附録と云ふ。把て之を読む、即ち福澤君の著述なり。其文、福澤流の特色を円満に発揮し、感ずべきもの甚だ多し。頃《このご》ろ京橋近傍の古書肆を探り、所謂文字之教なるものを購ふを得たり。其書三冊、（中略）要するに是れ片々たる小冊子のみ。（中略）然れども斯書は実に、文学者として明治年間の珍らしき人物——福澤諭吉君——を説明するに於て大なる案内者と為るべし。

新日本文明の、福澤君に負ふ所のもの多きは、既に世人の識認（ママ）したる所、今更ら繰返す迄もなし。日本文学の福澤君に至りては、世人或は之を認めたる者あり。然れどもその多数は、曾て之に頓着せざるものの如し。其の然る所以のものは何ぞや。世人が只福澤君に経世家——福澤君の常に自ら好んで称する——として之を見、未だ文学者として之れを見るもの鮮きに由るのみ。（中略）

世の福澤君を識らざる者は、其文章の平易円滑にして人の心脾に入り易きを見て、君は文章の事には無頓着ならんと思ふ者あるべし。是恰も、幼学便覧的の詩人か、難字俗句の博覧会とも云ふべき韓退之の詩を観て、文学に心ある人の詩と倣し、白楽天の詩を観て、是恰も出放題に口を衝て出で来りたるものならんと速了するが如し。（中略）伝へ云ふ、楽天は一詩成る毎に之を誦して老嫗《らうあう》に聴かしむ。彼れ解せざれば屢々之れを改め、解するに至りて乃ち息むと。福澤君の文章に於ける、恐くは亦斯の如くならん。而して果して斯の如くなる事を説明し得たるは、この文字之教に於て明かなりとす。（中略）

抑も此文字之教なる者は、その表紙に記するに、明治六年十一月福澤氏板とあり。されば此書の出板せられたるは、云ふ迄もなく、羅馬字会、仮名の字会、言文一致体等の興る前にありしなり。而して今その端書に掲げたるものを読むに、（中略）君が眼光は、既に明治六年の当時に在りて、平易質実、何人も之を読む可く、読者は何人も之を解し得可き平民的の文学に注着したるを知る可し。豈唯だ当時に於てのみならんや、慶応年間「西洋事情」の第一冊を出版するのときに於て、君は既に或人が、漢学先生に字句の添删を為さしめよと慫慂したるを謝絶したるの言葉を例言中に置けり。若し遡りて之を云はば、慶応年間に既に平民的の文学を主張し居たる者と云ふべし。維新革命の前後に於て、所謂る書生言葉なる破れ漢語の流行したるは、恰も欧洲の中古に於て、訛りの羅《ラ》甸《テン》語流行したるが如き潮先に立て、斯る新意見を立てたるは、以て其の巨眼の烱々たるを見る可し。（中略）

君が文学者としての特色は、多端なり。吾人今悉く之を精密に弁ずるの余幅なし。其の一斑を挙んに、（第一）　その措辞警策ありて、毎に一種の気魄を吐けり。必ずしも名言なるに非ず、必ずしも意味深長なるに非ず、必ずしも靄然《あいぜん》たる仁者の言に非ず、必ずしも滑々《くわつくわつ》なる俗人の言に非ず。ただ云ふに云はれざる一種の警策ありて、尋常の文句も君が口よりすれば、忽ち警語となりて異味を読者に与ふるなり。例せば（中略）「良キ子供ハ書物ヲ買テ読ミ、悪キ男ハ酒ヲ買テ飲ム」とあるが如き、実に好個の警語《エピグラム》と云はざる可からず。而して其の警策を生ずる所以を察するに、明快なるに在り、而して其の明快なるは、一刀直入其要点を穿つにあり。「約束ヲ違フルコトヲ違約ト云フ。違約ハ虚言ナリ」と云ふが如き、恰も指先を目に突き込むが如し。

（第二）　その直截なるに在り。直截とは例を引くの手近きなり、譬を取るの手近きなり、趣向を索むるの手近きなり、議論をするの手近きなり。都て其の手近くして、如何なる愚人と雖、如何なる鈍物と雖、之を聴て解せざる可からず。之を解して手の舞ひ足の踏む所を知らざるに至らしむるを云ふ。

その斯の如き所以のものは何ぞや。蓋し君の脳髄は、常に実体的に働きて、抽象的に働かず。天とか、宇宙とか、理とか、道とか云ふが如き心理学上の用語は、君に於て只是れ空の最も空なる者にして、毎に自ら理想を為すにも、実物を目の前に控へ置き、人に向て之を解くにも、亦実物を目の前に控へ置かしむるが如き、それ唯斯の如く実体的なり。而して其実体も、敢て間遠き物を須ゐず、最も人の耳目に入り易き物を用ゆ。是れ其の直截なる所以なり。例せば附録第二十二段（中略）

此度の一条に付ては、村方一同大に心配仕候。町内の者共寄合いたし、不取敢戸長迄届け置候。与一兵衛は私も兼て懇意罷在、何事に寄らず同人へ相談致候位之処、今般山崎の街道にて殺害に逢ひ候始末、私に於ても誠に残念に御座候。右殺害に付、未た慥なる証拠は無之候得共、多分定九郎の所為と推察致し候。

吾人は必ずしも之を以て、書牘文の好模範と云ふに非ず。然れども只君が文字の手近きを証するの一と為すのみ。（中略）天下何人か与一兵衛、定九郎を知らざる者あらんや。人の悉く知る所にして、又た人の敢て之を自家薬籠中の物となす能はざるものをば、悉く採て以て其材料に供す。君が文章の他と面目を異にする、其一は即ち茲に在りとす。而して其大なる勢力を有する所以、亦茲にあらずとせんや。

（第三）人、或は君の文を観て、奇想天外より落ると云ふ。然れども、是れ必ずしも天外より来るに非ず。元来奇てふ者は、通常の事を非常に云做すにも限らず、非常の事を非常に云做すにも限らず、又た非常の事を通常に云做すことも、其の一と云はざる可からず。若し君が文章を奇なりと云はば、その奇なる所以は、即ち非常の事を通常に云做すに在るのみ。左に掲るが如きは即その一例なり。附録第二十六段に、

一　かの長き針金伝信機と申し、遠国へ文通之合図いたし候仕掛にて、皆様方之御便利と存じ、色々心配之上出来候処、右を日本と外国との界などゝえ相立候ては、誠に迷惑至極に御座候。

一　右等之義に付、一揆を起し候ては、日本国中之損亡に相成、其割前は御同前人別之あたまに掛り候事ゆへ、一揆之御相談は皆様方之学問御上達迄暫く御見合被下度、深く奉願候也。

一揆とは極めて非常にして容易ならぬ事なり。而して其相談をば学業成就迄見合せよと云ふが如き、何ぞ夫れ落付きたるや。人之を読んで忽ち異常の感を生ず。凡て君の文章の卓越する所以、其議論

の陳套ならざる所以、職として茲に在り。

（第四） 君が文章の全体を貫くものは、毎に其釣合を有つにあらずして、不釣合を有つに在り。極めて厳粛なるものを、極めて可笑しきものと比較し、極めて大なるものを以て、極めて小なるものと比較し、極めて縁遠きものを以て、極めて縁近きものと比較す。その楠公を権介《(助)》と相対し、金娼妓を以て濁世の聖人と云ひたるが如き、則ち其一例なり。（中略）苟も君の文を読む時には、星木星の話を聴くも、猶ほ上野公園地の話を聞くが如く、六ケ敷経世上の理窟を聴くも、尋常の茶話を聴くが如く、其言ふ所天下に難事なく、人間万事皆な平々談笑の中に之を行ふ可く、天地間幾《ほとん》ど人間の力にて出来ぬと云ふ事は無き様に思はしむるに至るなり。

（第五） 又た君が文章の特色の一と云ふべきは、毎に死中活を覔むるに在り。語を詳にして之を云はば、撇脱《へいだつ》に在り。その議論重囲の裡に陥る時に於て、忽ち一条の活路を看出し、斫《きり》破りて出で、而して更に一層を進むるに在り。例せば附録二十五段《(ママ)》に、

一　血税とは人の血を取ることにあらず。運上に血を取り集め候ても、其始末に困り可申。

一　戸籍を調へ人別を改め候は、娘を外国へ渡すためにあらず。仮令ひ渡し候とも、無学文盲、役にも立たぬ女の子は、先方にて請取申間敷候。

若し尋常の操觚者たらば、ただ血を取る筈なし、娘を外国に渡す筈なしと、斯の如く独断的に断定すべき筈なれども、取集めても云々と云ひ、渡しても云々と云ふが如き、更に一層を進め、人目を快醒ならしむるは、斯翁慣家の調と知るべし。（中略）

以上の如きは、君の特色に相違なしと雖も、若し仔細に之れを学習せば、或は其の一片を学ぶを得可し。然れども以下陳る所に到りては、天機の発する所、性霊の凝る所、所謂る突天蟠地独歩の技倆と云はざる可らざるものあり。

独歩の技倆とは何ぞや。其文諧謔なり、頓智なり、諷刺なり、嘲笑なり。渾て此等のものを含蓄する事是なり。殊に此中にて最も多きは、嘲笑なり。

（中略）其例の如きは、附録第十六段、

私儀此度親類相談の上、学問のため東京へ罷出、同処浮世小路竪板水四郎君の周旋を以て、明殻町一丁目有名堂無実先生方へ入塾致候処、中々盛なる学校にて、塾生の数三万三千三百三十三名、当時雇入の外国教師は、英人「シユウメイカル」米人「セイロル」の両人、日本教師は、洞尾福太郎、呉摩嘉七郎、摺子義一郎先生等七八名にて、日々教授被致候。

若夫れ吾人が点を附したる文句をして、別字を塡《うづめ》しめば、尋常一様にして、別に何程の感じも生ぜざるべし。只この塾生の数を云へば、三万三千三百三十三名と云ひ、殆ど人をして三十三間堂の仏の数を聯想せしめ、先生の名を云へば、洞尾福太郎と云ひ、呉摩嘉七郎と云ひ、殆ど人をして誇張者瞞着者の聯感を催さしむるに在るのみ。

而して此特色、殊に最後の嘲笑的の特色は、実に旧日本破壊、新日本建設の当時に於て、迷溺せる人種を快醒解脱せしむるに於て、実に一大利器たりしに相違なし。凡そ斯る場合に於ては、万斛の涙を流して之を説諭するよりも、一掬の嘲笑を以て之を笑倒するを以て、寧ろその効用多しとす。

附録巻末の一文の如き是なり。

二十七段　此一段は悪文の例なり

（文例略）この二十七段の手紙は、事柄も馬鹿らしく、文言も馬鹿らしく、文字も亦馬鹿にむつかしきものを拾ひ集め、（中略）わざと心得のために一例を示したるなり。都て文章は、むつかしくして学者の作に似たるも、事柄は至極馬鹿らしくして笑ふ可きものあり。元来文章と事柄とは全く別ものにて、つまらぬ事もむつかしく書く可し。大切なる事も易く書く可し。難き字を用る人は文章の上手なるに非ず。内実は下手なるゆへ、ことさらに難き字を用ひ人の目をくらまして、其下手を飾らんとする歟、又は文章を飾るのみならず、事柄の馬鹿らしくして見苦しき様を飾らんとする者なり。譬へば本文の末段を易く書けば左の如くなる可し。

右之次第にて、徒に三四年をすごし、唯今となりて独身之世渡りにも困り、春以来友達の家に居候いたし候処、家内にあいそをつかされ、私も心の内には立腹いたし候得共、今更何処へと申し依りすがるべき先きもなく、途方に暮れ候次第、何卒憐れと被思召、よき役人の口へ御取持被下度、実は給金の多き方を望み候得共、差向之処、金之多少を可申場合に無之、門番にても小使にても不苦候。幾重にも御世話奉願候。

斯く易く書けば誰にもよく分り、随分読みやすき文章なれども、丸出にしては見苦しきゆゑ、無益にむつかしき字を用ひて、其見苦しき様を飾る趣向なり。

今の世の中に流行する学者先生の文章と云ふものも、其楽屋に這入て見れば、大抵この位の趨向なるゆゑ、少年の輩、必ず其難文に欺かれざるやう用心す可し。其文を恐るる勿れ、其人を恐るる勿れ。気力を慥にして、易き文章を学ぶ可きなり。

是実に独り難字難文を用ゆる漢学者流の愚を晒ふのみならず、亦当時官途の希望の卑屈士族を嘲笑し、一読爽然として大悟徹底せしむる者あり。（中略）

嘲笑的の特色と相伴ふて離れざるものは、懐疑的の香味是なり。君の文章に於て懐疑的の香味あるは、猶ほ朝鮮の料理に於て胡椒を見るが如し。如何なる文中にも是れなきはなし。（中略）君の文章の重なる部分は、多くは可定したるに非ずして、否定したるなり。可しと云ふ意味に非ずして、可からずと云ふ意味なり。例せば第二冊第六教に、左の如き言あり。

（上略）或人云く、余よく天に登ると。この言は信ず可らず。（中略）○人足云く、余よく書物を読て、明に物事の道理を知ると。この言は疑ふ可し。（中略）○書生云く、余よく天下を支配してこれを治むと。この言は大言なり。

試に思へ、「信ず可らず」と云ひ、「疑ふ可し」と云ひ、「大言なり……故に信ず可らず」（此の一句は記者の挿入に係る）と云ふ、是皆な端なく懐疑的思想の発作したるものにあらずして何ぞや。只だ此の香味あり、此に於て嘲笑諷刺的の天才をして、踴躍生動せしむ。（中略）

世には笑ふ人あり、泣く人あり、怒る人あり。君の文章に就て之を察すれば、泣くの分子は絶て無し、怒るの分子は僅に有り、笑ふの分子に於ては満幅皆是なり。其笑ふや必ずしも自ら抱腹絶倒せざるなり。自ら手を戟《ほこ》にし、眼を瞋らし、怒罵嬉笑せざるなり。（中略）若し強て之を云はば、辛味六分にして、甘味四分の嘲笑のみ。若し強て之を区別せば、熱笑に非ずして冷笑なり。（中略）今もし君が文章の欠点を挙れば、爛熟なるに在り。流滑なるに在り。浅薄なるに在り。卑俗なるに在り。野鄙なるに在り。軽佻なるに在り。慣焉《くわいえん》として自放なるに在り。粗頭乱服なるに在り。其広長舌に在り。其重厚の気味なきに在り。其神韻に乏しきに在り。其道徳上の熱火炎々たらざるに在り。是等皆君が長所の其度を過たるより生じたるものなりと雖も、重見層出聊か厭ふ可きの観なき能はず。然れども説て夫婦、父子等の事に到れば、人をして恰も家庭融々の真楽を目に観、耳に聞くが如く、読み来りて粛然襟を正して危坐せしむるもの有り。又人生処世の要に到れば、恰も仰で天に恥ず、俯して地に恥ぢざる一個の光明磊落なる人物を観るの感を与へ、恰も別製に出るが如きもの有り。此一事は、「文字之教」中に於て之を知るに充分ならざれども、吾人は曾て君が文を読み、聊か知る所あるを以て、茲に附記す。（下略）

（明治二三、四『国民之友』八〇号。明治二五刊『人物管見』）

◉――『文字之教』は、福澤の主著ではないが、彼の国語観や文章観を端的に見得る好個の文献である。今日では国語学史や文章史上の重要な資料と認められているが、この書が久しく忘れられていた明治二十年代に、その価値を発見して顕彰した蘇峰の識見は多としなければならぬ。さすがに一代の文章家蘇峰は、この大先輩の文章上の用意と特徴とを洞察して余すところがなかった。現代でも、福澤の文章を論じて、これ以上に出ることは困難であろう。『文字之教』一書だけについて、これほど詳細な考察を加えたものもこれ以後見当らぬようである。

福澤諭吉氏の政治論

06

徳富蘇峰

（上略）吾人は福澤氏が、政治上に就て一定の主義あり、一定の見識あるを知らず。唯だ明治十四五年以来今日に至る迄、恒に保持し、恒に論陳し、機会もあらば其意見を実行せんと欲する、官民調和の一点に於ては、実に甚だ久くして変ずる所なきを見る。乃ち伊藤内閣新立の今日に於ても、尚ほ其の自由、改進両党の首領を含蓄せざるを憾む者の如し。官民調和は、其言葉には固に和気洋々たる意味を含蓄するが如しと雖、少しく之を諦視すれば、殆ど空中楼閣の無意義《ノンセンス》のみ。苟も調和せざる可からざる場合あらば、固より調和すべし。同舟風に遭ふ、呉越兄弟の比喩、其の陳套なるが為に其真理たるを失はず。然れども未だ其場合に至らずして調合を説く、是れ殆ど鍋に物を入れ、竃にさへ架すれば、物は煮ゆるものと思ふが如し。（中略）

顧ふに彼が斯の如く調和の容易なるを説くは、是れ人間は如何なる場合に於ても調和し得べきものと断定したるが為め乎。将た未だ今日に於て、朝野軋轢の真原因を看破せざるが為め乎。若それ自由、改進両党の首領さへ政府に入るれば天下太平と思ふが如き事あらば、是実に浅薄も亦甚しと云はざる可からず。要するに自由、改進両党は、初は首領の鼓舞作興に依りて出で来りたる者もあるべし。然れども今日は、首領あるが為の党派に非ず、党派あるが為の首領なり。今日の政党は常山の蛇の如く、一の首を切り去るも、他の方に首あり。彼の烏合の衆、其首領を失ふて潰奔四散するの類に非ず。民党が政府の反対党として出で来りたる者、其源深くして且遠し。其れ之を察せず、首領さへ引入るれば、其党派は安心すべしと云ふ、是殆ど今日の事体を省みざるの論なりと云はざる可からず。吾人は福澤氏の議論、果して斯の如きや否を知らずと雖、其論勢を押詰むれば、此に到るを惜まずんばあらず。

吾人が最も歎ずるは、福澤氏の政論中に於て、改革の思想無きこと是也。それ惟《ただ》改革の思想乏し、故に何事も無事平穏にて済みさへすれば、善きものと為せり。而して無事平穏は、調和より善きは莫しと思へり。（中略）是が為に其本意は、政府の過ちを矯正するにあるも、其結果は、政府の過ちを助け、却て民党を挫くに出るが如き、往々志、事と違ふに到るは、吾人が最も歎惜する所なり。今日の民党たる者、固より完全と云ふ可からず。但だ之を現政府に比して、彼れ此より善しと云ふ可きのみ。苟も経世の策、理想的の善美を看出す能はずんば、其の善き者を扶けて、其の悪き者を排するより、他策なかるべし。吾人が民党を助け、敢て根本的改革を、我邦各種運動の中心たる政治に加へんとするも、其真意それ茲に在り。吾人は此点に就て、実に福澤氏と其道を倶にする能はざるを歎ず。（中略）

吾人は福澤氏の前半の生涯、寧ろ冒頭の生涯が、恒に国民の率先者となり、国民を誘導したるを感謝すると同時に、今日に於て其位置を顚倒し、恒に国民の後に在り、進歩分子の後に在りて、動もすれば其冒頭の時にありて鞭韃を加へたる者に向て、今日は其轡を制せんとするを嘆ずる者也。

蓋し調和なるものは、進歩の敵なり。主義の敵なり。主義ある者は漫りに調和を説かず。進歩を欲する者は漫りに調和を説かず。調和は無主義の天国なり。調和は安逸の極楽なり。調和は臨機応変者の永住する故郷なり。吾人は福澤氏が、此故郷の位地に永住するの人となりたるを悲まざるを得ず。

況や福澤氏が政府の人士に向て、民間の人望を収むべきの手段を説き、其手段の一として、

故に政府当路の人々は、真一文字に民党に敵することを為さずして、却て之を籠絡するの工風を運らし、先づ其身を卑くし又軽くして、交を政府外に求め、其方便としては、身躬から世間に奔走して、上流社会の事情を明にするのみならず、或る部分の表面は美にして内部の存外に美ならざるものもあれば、一時の権道に内々黄白の物を用るも可なり。要は唯愛嬌の一偏に在るのみ。

と云ふに至ては、実に福澤氏が光明特立の人士たる品格を堕落せしむるを痛惜せずんばあらず。如何に愛嬌を振り蒔くが必要なればとて、政府の人に向て、一時の権道に内々黄白を用ゆるも可なりと広言し、之を新聞に書し、之を小冊子に掲るに至ては、実に吾人は福澤氏が責任ある記者として、太だ自ら愛惜せざるを悲まざるを得ず。（中略）吾人は平生福澤氏が不羈独立、天地に俯仰して怍ぢざる君子なるを尊敬すると同時に、其感化を享けたる人士中に、動もすれば氏の性行に正反対する者あるを見て、窃かに其所以を疑ひたりき。今にして之を知る、顧ふに氏が放言高論、之を激するに非ざる無き乎。（中略）

（明治二五、九『国民之友』一六五号）

◉――明治二五年福澤が、その政治論「国会の前途」「国会難局の由来」「治安小言」「地租論」を一冊として出版した当時、その読後感として発表したものである。『国民之友』における蘇峰の幾篇かの福澤論中、最長篇で、二〇ページ余にわたっている。彼は福澤が薩長藩閥政府の不人気の原因たる尊大奢侈の風や、官僚主義の弊を指摘したのに対しては、満幅の賛意を惜しまなかった。しかし福澤が、十年一日の如き官民調和論の立場から、藩閥政府の暫定的存続の必要を認め、新たに成立した伊藤内閣（第二次）と在野の自由・改進両党首領との提携団結を要望するのには、極力反論した。蘇峰の立場は、〈もはや藩閥政府の時代ではないから、速やかに政権を民党に引渡して、人心を一新すべし〉とするのである。また福澤が、地租軽減は富農の土地兼併に利するのみで、小民には益がないとして、軽減に反対したのに対して、蘇峰はその非を論じ、地租軽減が中農以下の生活を救う所以を縷説している。ここに引用したのは、この長篇の論説の最後に近い結論的部分である。福澤が、黄白（金銭）を用いても民心の緩和につとむべきことを政府に勧告したのは、蘇峰の指摘をまつまでもなく、あまりに露骨な功利主義、現実主義たるを免れぬであろう。

◉――蘇峰は常に福澤の著作に親しみ、ジャーナリストの大先輩ともいうべき福澤のすぐれた理解者であったが、少壮気鋭の彼には、福澤のあまりに安易な官民調和論があきたらなかったのである。この「福澤諭吉氏の政治論」は、その代表的反論であるが、さらに蘇峰は福澤の資本主義一辺倒の経済論にも与しなかった。『国民之友』二二四号（明治二七年四月）時事欄の「福澤氏の社会貴族主義」という短い記事は、『時事新報』所載「小投機を制するは大投機を行ふに在り」（二七、四、一七。全一四、三四二―五）という福澤の投機奨励論に対する反駁で、必ずしも蘇峰自身の筆ではないかも知れないが、やはり彼の意見を反映するものであろう。そのおもな部分は左の如くである。

福澤諭吉氏は平民主義なりと云ふ者あれども、実は然らず。平民主義と見ゆるは、伊藤伯等によりて塗り立てられたる政治上の繁文縟礼に対する反抗に止まる。世に若し社会平民主義と云ふ者あらば、彼は確かに社会貴族主義也。其立言、常に社会少数の富豪のために策すに出づ。彼は宗教をすら、富豪を平民の咆哮より保護するの機具となさんとす。其大商機と題して、富豪をして投機商たらしめ、以て小投機商を駆逐せんと主張するもの、またこの精神を発揮せるもの也。（中略）

標して商安の為と云ふに至つては、即ち笑ふべし。知らずや、大富豪が妄動せず、投機せず、多少得べきの利益をも得ずして、沈静にして、正経を守るによりて、一国の商安は守り得らるるものなるを。然れども彼の意此にあらず、三井の如き旧家をして、今ま少し投機根性を出して、新進少年に権力を握らしむべしと云ふにあらば、是れ吾人の関知する所にあらず。

文中「新進少年」というのは、当時三井に入って、その改革に敏腕を揮った慶應出身の少壮者流中上川《なかみがわ》彦次郎（福澤の甥）の一派をさしている。

福澤翁

07 徳富蘇峰

◎福澤翁の文と人物とに就ては、既に屢〻評論しぬ。併しながら多少言ひ度きことなきにあらず。翁の門人千百を以て数ふ。余や未だ其門墻を踰えず、況んや堂奥をや。門外漢の言、唯だ門外漢をして之を聴かしめよ。

◎明治年間平民文学の急先鋒は、実に翁を以て随一とせざるを得ず。今日に於ては、楠公権助当年の覇気、消磨したるの看なきにあらざれとも、其の頂天立地、眼中一物なく、傍若無人、言はんと欲する所を言ひ、語らんと欲する所を語る。漢学流の言葉を以て評すれば、狂奴の故態依然として存す。

◎翁の議論は、臨機応変、朝以て夕を卜す可らず。されど根本的思想は、三十年一日の如し。福地氏は文章家のみ。日本の思想に寄附《(マヽ)》する点に於ては、翁の後塵をすら拝する能はず。翁は世の所謂哲学家にあらず。然も日本思想開発史に於ては、翁は第一頁に特書せらる可き偉蹟を止む。翁は新思想の寄附者にあらざるも、少なくとも輸入者たるに相違なし。

（中略）

◎人或は福澤翁の官民調和論を非難す。されど翁に於ては怪しむに足らず。何となれば、人は利己的動物にして、利を専らにすれば争ひ、利を分てば和す。官民調和は、官民の間に、直截に云へば朝野元老の間に、利を分配するの手段なれば也。

◎既に人を利己的動物と独断す。故に理想の異同、主義の衝突、議論の撞著の如きは、翁の眼中には、一個の幻影に過ぎず。是れ無鉄砲なる調和論の屢〻出でて、屢〻人を驚かす所以ぞかし。

（中略）

◎物質的生活に直接の関渉を有する科学に就ては、翁は最も多くの興味を有す。されど高尚なる文芸、技術、宗教、哲学等に就ては、殆んど無頓著の看なき能はず。要言すれば、人間の宇宙に於ける位地に就ては、翁は加藤弘之氏と殆んど其の評価を一にするに似たり。

（中略）

◎言、行を掩はざるものあり、行、言を掩はざるものあり。福澤翁の如きは、後者に属す。世人、言高うして行卑し。翁は之に反す。翁の議論は唯麵包《ゆいパン》的なれども、翁の行為は唯麵包的にあらず。翁は熱血あり、侠骨あり、愛人済世の念、胸中に欝勃たり。是れ豈に専門愛国家、専門忠孝家の企て及ぶ所ならんや。翁の如きは日本の大市民也。一人以て国家を軽重するに足る者、翁の如き、亦た其の類也。

◎翁は敵人に誤解せられ、味方に了解せられず。前者忍ぶ可し、後者に至りては、吾人門外漢と雖も、痛恨に禁へず。何となれば、其の妄謬的感化の社会に波及したるもの、甚だ鮮少ならざれば也。

◎翁は病を矯めんと欲して、往々劇薬を用ふ。為めに旧病未だ療《（癒）》えず、新症随て生ず。自から武士風を帯びて、武士風を嘲り、自から治国平天下を任じて、治国平天下を罵り、自から熱誠なる愛国者にして、愛国を哂ふ。其人を見ずして、其言を聴く、末流の趨く所、遂に千里の差を致す。

（中略）

◎翁や破毀的に於ては、ヴォルテールに類し、其の博大、犀利、甚だ及ばず。建設的に於ては、フランクリンに肖《に》、其の円満、老成、多く遜る所あり。然も明治の逸民として、個人的勢力を社会に風化せしめたるに於ては、殆んど独立独行の位地を占めたりと謂ふ可し。

（下略）

（明治二八、一二『早稲田文学』一〇二号。明治三一刊『漫興雑記』。『蘇峰文選』）

●――これは断片的な福澤論であるが、よく肯綮に当っている。当時福澤を以て単なる功利主義者、拝金主義者と見る向きの多かった中に、蘇峰はさすがに福澤の真面目を見誤っていない。福澤を以て「行、言を掩はざる者」（実生活の方が言論以上にすぐれている者）と評し、福澤の真精神はその多くの門下生からさえ理解されていないと嘆じているのは、まさに福澤にとって知己の言というべきであろう。

●――蘇峰はこの文とほぼ同時に、『国民之友』二七五号（明治二八、一二、二一）にも、「福澤諭吉翁」の一長篇を掲載した。それは福澤の還暦（二八年一二月）に際しての所感で、福澤の独立自尊主義を徹頭徹尾礼賛し、世上の彼に対する誤解の少なからざるを戒めて、

　其言ふ所は区々の理論にあらず。国民の根本思想に触れ、万代を通じて人間の尊貴をして力あらしむるもの也。彼を非愛国と云ふ大愛国者の、国民に功ある、彼の如きものある乎。彼を自利宗徒と云ふ大強硬家、黄金官位に屈せざる、果して彼の如きものある乎。彼を浅薄と云ふ哲学宗教家、果して彼の如く人生の第一義たる独立を解し得たるものある乎。吾人は未だ一人を見ず。吾人は速に彼を以て濁世の哲人とせざる能はざる也。

と言い、福澤の「還暦寿筵の演説」(明治二八、一二、一四『時事新報』掲載。全一五、三三三―七)の全文を挙げて、「平生の議論に比し、気魄の大、万を加ふるものあり」「何ぞ其言の淡薄、気宇の大にして、而して真情流露するや。之を読めば、殆んど彷彿の間に、容貌魁大、目下に黒子ある大市民が平々淡々の弁、縦横快談して、眼中一代の人豪なく、巨傑なく、階級なきの光景を見る」と激称している。蘇峰は、時に福澤を褒め、時にこれを貶したが、この文章は前者の代表的なものであろう。

●――福澤の没した時、蘇峰は「福澤諭吉氏を弔す」(国民新聞)を草したが、その中でも、

人或は氏を目して、拝金宗の俗物と為す。是れ未だ氏が一種の武士的真骨頭ある快男子たるを知らざるの見のみ。

若しそれ吾人が氏に多しとするは、其の言の卑きにあらずして、其の行の高き(言に比較して)にあり。氏が家族的生活の清潔なる、其の侠骨の稜々たる、其の愛国的血性ある、其の眼中一世を空しくて、敢て第二流に就くを屑とせざる、吾人は氏に於て冷嘲熱罵に巧みなる世俗的哲学者たるを見ずして、武士的真骨頭ある快男子を見る。(中略)惟ふに明治百年の後に於て、若し福澤諭吉氏の感化なるものを求めば、そは氏の福澤全集にあらずして、福澤氏彼自身の性行人格なる可き歟。(『福澤先生哀悼録』にも収載)。

と言った。遥か後年の大著『大正の青年と帝国の前途』(大正五刊)の中でも、「独立自尊の大宗師」「議論以上の人格」の二章を設けて、福澤の人物事業を詳しく紹介したが、そこでも、

大正の青年たるもの、須らく福澤の言を学ばず、其の人を学ぶべし。言は一時の方便也。人は不朽の人格也。

という文句を結語としている。ともに福澤の「行、言を掩はざる」点を称えたのである。蘇峰は福澤と個人的交渉が乏しく、むしろ意識的に接近しなかった観さえあるが、それにもかかわらず、その長短両面をくまなく叩いて正鵠を失わなかったのは、さすがの見識である。

瘠我慢の説を読む

08 徳富蘇峰

何をか瘠我慢の説と謂ふ。曰く福澤諭吉氏が、勝伯、榎本子の進退に関し、多年釈然たらざるものあり。天下後世の士風を維持せんが為めに、明治二十四年の冬、其の意見を記して、二氏に寄せたるもの是れなり。昨年〔明治三十三年〕の冬に至りて、一たび雑誌『日本人』に現はれ、再び『日本』に載せられ、新年に入りて三たび『時事新報』に録せられ、聊か世上の注意を惹起したる者の如し。

其文滔々殆んど一万言、作者満腔の慷慨禁ぜんと欲して禁じ得ず。其の草間蛇の過ぐるが如き委迤《ゐい》たる文句中に、枉ぐ可らざる気骨と、燃ゆるが如き熱火あり。単に之を文学上の製作として、亦た大文章と称す可し。然も吾人が之を看過する能はざるは、単り之れが為めにあらず。（中略）

今日迄吾人が知り得たる丈に於ては、世間は概して此の議論に同感を表したるものの如し。是れ蓋し（第一）楠公権助の奇言を以て、一世を顚倒せしめ、拝金宗の大和尚と謡はれたる福澤氏の、其親友にのみ知られ、広く世間に認められざる侠骨稜々たる半面、端なく之れが為めに現出したれば也。（第二）当今の時勢に激して、士風維持の必要を感ずるもの多ければ也。（第三）海舟崇拝熱の反動も亦た其の一なるなからんや。

要するに瘠我慢の説の、其の世に公にせらるるや、恰も其場合を得たり。されば其の批評家の或者が、よし福澤全集は焚く可きも、此の一文は不朽なりと謂ひしは、寔に所以ある也。但だ世論に雷同し、無制限の讃辞を以て之を埋葬するは、決して作者立言の目的に答ふる所以にあらず。作者既に世教の為に其論あり。吾人豈に亦世教の為めに之を観察せざるを得んや。（中略）

瘠我慢は大切也。然れども之を小処に用ふるは小人たり。之を大処に用ふる者は大人たり。（中略）福澤氏は勝伯の挙動を以て、武士の風上にも置かれぬものとなしぬ。然れども若し仮りに福澤氏の註文通りに、勝伯が徳川方の大将となり、官軍と邀へ戦ひたりとせよ。其の結果は如何になる可きぞ。人を殺し財を散ずるが如きは、眼前の禍に過ぎず。若しそれ真の禍は、外国の干渉にあり。是れ勝伯が当時に於て最も憂慮したる点にして、吾人は之を当時の記録に徴して、実に其の憂慮の然る可き道理を見る也。此の如き情勢は、其の実地を目撃したる福澤氏其人こそ、寧ろ最も能く詳悉す可き理由あるにあらずや。当時幕府の進歩派小栗上野介の輩の如きは、仏蘭西に結び、其の力を仮りて、以て幕府統一の政を為さんと欲し、薩長は英国に倚りて之に抗し、互ひに掎角の勢をなせり。而して露国亦た其の虚に乗ぜんとす。其危機実に一髪と謂はざるを得ず。若し幕府にして戦端を啓かば、其の底止する所、何の辺にある可き。是れ勝伯が一身を以て万死の途に馳駆し、其の危局を拾収し、維新の大業を完成せしむるに余力を剰さざりし所以にあらずや。論者若し勝伯当時の心事を知らんと欲せば、一部の海舟日記之を証して余りある也。

（中略）要するに小栗輩は、徳川氏対薩長の見地より其の打算をなし、勝伯は日本対世界の見地より其の経綸を定む。立処高ければ眼界亦濶からざるを得ず。吾人は当時に於ける小栗輩の偏見を尤めず、寧ろ其の男児一片の意地あるを賞讃せんとす。然れども之が為めに、勝伯の経世家的動作を以て万世の士風を壊ると為すの、甚だ躁急なる妄評たるを嘆ぜずんばあらず。

（中略）若し福澤氏の言の如くせん乎、其の内外の形勢は戊辰の天地と聊か其の趣を殊にしたれども、畢竟するに二十七八年戦役に際し、多年政府と鎬を削りたる民党が、国家の大問題に対して、其の異同を捨て一致協力したるを以て、瘠我慢の主旨に反するとなし、万世の士風を壊りたるものと断ぜざるを得ず。果して然らば、国破れても党争を固執したる波蘭《ポーランド》人士を以て、福澤氏の理想とせざるを得ず。嗚呼是豈に福澤氏の本意ならんや。二十七八年の役に際して、挙国一致の主唱者は誰ぞ、其の誘導者は誰ぞ、其の広島議会の結果を見て、飛舞振躍したるは誰ぞ。福澤氏の如きは、其の重なる一人たりしにあらずや。それ明治元年の勝伯及其の同志者と、明治二十七八年の民党とは、其の措置に於て、如何なる相違がある。（中略）吾人は福澤氏の論理は、其の題目の人物如何によりて勝手に変化するの、頗る奇異なるを覚えずんばあらず。

（中略）当時の事情を察するに、主戦論者は何人も忠臣なり義士なりと驩迎せられ、死するも尚忠義の鬼なりとして尊崇せらる可くありぬ。それ君辱められて臣死す、是れ士道の素養あるものにして、必ずしも難しとす可らず。唯だ勝伯の如く、或は敵の間諜なりと目せられ、或は売国の臣なりと認められ、或は奸邪の標本なりと指され、刺客身に迫り、飛丸鬢を掠むるの際を間関し、以て其の報国の大計に殉ぜんとす。其の苦衷の苦、豈に傍人の容易に能く知る所ならんや。（中略）

蓋し国民の瘠我慢なるものは、須らく国民の聡明、先見、常識、思慮と伴はざるを得ず。若し単に瘠我慢のみを奨励せば、（中略）遂に亡国を媒し来らずんば止まず。世に聡明を除外したる瘠我慢程、危険なるものなし。（中略）吾人は開国論を以て、始終を一貫する福澤氏が、其の余りに権衡を失したるの立言の為めに、意外なる随喜者を出さんことを掛念せずんばあらず。

勝伯既に士風を壊りたるの罪人たらずんば、其の罪を謝せんが為めに、隠遁す可き義務もなかる可し。吾人は福澤氏が明治の一平民たるの落々たる胸襟を愛す。然れども人各其の趣味あり。其の己れに同じからざるが為めに、必らずしも之を非難す可きにあらず。伯夷の清も、柳下恵の和と並び行はれて相ひ悖らず。吾人は勝伯が必らずしも爵位利禄に眷恋したるものと断言する能はず。固より勝伯とても、胸中一片の名利心無しと謂ふ可らず。然れども其の志望は此れよりも大に、此れよりも高かりしことは、其の維新後三十余年の行蹟に徴して、疑ふ可き権理を有せず。（中略）

吾人の意見を以てすれば、勝伯の戊辰に於ける措置の如きは、国家の危機に際し、国民の一部が、忍ぶ可らざるを忍び、耐ふ可らざるに耐へ、国家全局の利益の為めに、其の打勝ち難き感情に打勝ちたるものにして、吾人が所謂非常の場合に於ける挙国一致の適例を示したるもの也。世人が勝伯に感謝すべきは、単に江戸百万の生霊を救済したるに止らず、二十世紀国際社会の圧迫に際して、国民が国家に尽す所以の実物教訓を与へたるにあり。吾人は今後百年間に於て、我が国民が勝伯の教訓を想起す可き場合、決して二三のみならざるを予望せずんばあらず。（下略）

（明治三四、一、一三『国民新聞』。同年刊『人物偶評』。『蘇峰文選』）

◉——福澤晩年の『瘠我慢の説』(明治三四年一月発表された)には、賛否両論があったが、これは反対論の代表的なものであった。(拙著『福澤諭吉論考』所載「福澤諭吉と勝海舟、新島襄、徳富蘇峰」参照)。『瘠我慢の説』が起草されたのは二四年であるが、蘇峰はその後の日清戦争における官民の挙国一致の事実を引き、また三国干渉による国民の隠忍自重の精神をも暗示して、反論に資しているのが注目される。この蘇峰の反論に対して、『時事新報』記者の石河幹明は、福澤の意を受けて、碩果生の名で「瘠我慢の説に対する評論に就て」という再駁の文を同紙に発表した。蘇峰の論は幕末外交の真相を知らぬ空文字にすぎぬ、とするのである。『瘠我慢の説』が福澤の死後単行本となった時、石河の文章も付載された。(『福澤諭吉全集』第六巻、五七三―八四)。

09 福澤諭吉君の著述とその人物（仮題）

山路愛山

○福澤諭吉君及び其著述（一）

（上略）明治五年二月より明治十年十月まで、学問ノ勧メ発売高合して五十九万八百四十六部、彼れが明治の開化史に於て偉大なる影響を及ぼしたるや知るべきのみ。彼れは実に無冠の王なりき。英雄の事業一成し一敗す。維新の大立者たる西郷隆盛は城山の露と消へ、残るは傷夷と国債とのみ。松菊、甲東空しく墓中に眠りて、而して門下の故吏徒らに栄ふ。而して此間に方りて、白眼天下を睥睨せる布衣の学者は、日本の人心を改造したり。少くとも日本人の中に、福澤宗と曰ふべき一党を形造れり。（中略）

翁の書を読みもて行けば、恰も翁に伴うて明治歴史の旅行を為すが如し。漢語まじりの難解文を作り、臂を振つて威張りし愚人も、チョン髷を戴きて頑固な理屈を言ひ、旧幕時代を慕つて明治の文明を悪む時勢後れの老人も、若しくは算盤を携へて開港場に奔走する商人も、市場、田舎、店舗、学校、渾《すべ》ての光景は、我眼前に躍如として恰も写真の如くに映ず。翁は真個に事実中に活くるの人也。嗚呼是れ古今文学上の英傑に欠くべからざる一特質なり。時世を教へ、時勢を動かすの人は、皆是れ時勢を解するの人也。

○福澤諭吉君及び其著述（二）

曰く学問の勧め、曰く文明論概略、曰く民間経済論《（録）》、曰く時事小言、福澤君の著述が如何計り世間を動かしたるよ。吾人の郷里に在るや、嘗て君の世界国尽しを読んで、始めて世界の大勢を知りたりき。「天は人の上に人を造らず」の一語が、如何に深く日本青年の脳裏に喰込みしよ。楠公の忠節は権助の首くくりの如してふ議論が、如何に世論を沸騰せしめしよ。而して慶應義塾派の一隊が、如何計り社会に勢力たりしよ。

毀誉褒貶の極めて多きは、其人の尋常ならざるを証する者也。「ホラを福澤、嘘を諭吉」てふ嘲罵が彼れの上に蒙りしより以来今日に至るまで、或は大俗人の如く、或は自利一辺の小人の如く、或は大山師の如く、種々様々の論評は彼に向けられしかども、槲樹《こくじゅ》は瘠地にも根を深くし、雨にも風にも恐れずして、漸く天を突くの勢を為せり。一是一非の間に彼れは発達して、明治の大家となれり。中村敬宇氏が元老院に死し、西周、神田孝平の諸先生が音も香もなくなりし時代に於て、言換れば明治の文運が新時代を生じたる今日に於て、彼れは猶文界の巨人として残れり。時事新報は今日も猶彼れの議論を掲げて天下に紹介せり。彼れの論ずる所は雑駁にせよ、堅硬《スタビリチイ》を欠くにせよ、其混々たる脳の泉は、今日に至るまで猶流れて涸るることなし。是豈驚異すべきに非ずや。

吾人の彼れに敬服する所は、彼れが何処までも「平民」として世に立てること是也。彼れは真個にミストル・フクザハを以て満足する者也。彼れは自ら其職分を知れり。自ら其技能を知れり。人間の貴きは必しも冠冕に在らざることを知れり。彼れは衣貌を以て、官爵を以て、人に誇る者に在らず。自己の品位は即ち自己に在ることを知れり。彼れは斯くの如くにして世を渡れり。斯くの如くにして自ら律し、併せて世を教へたり。明治の時代に平民的模範を与へたる者、己の生涯を以て平民主義を解釈したる者は、彼れに非ずして何ぞや。

而して吾人の彼れに敬服する第二の点は、其事務家的能力是也。所謂幹事の才なる者は、蓋し彼に於て始めて見るべし。之を聞く、彼れの時事新報を書くや、些少の誤字をも注意して更正すること太だ綿密なりと。吾人は嘗て彼の原稿なるものを見しことあり、其改刪の処は必ず墨黒々と塗抹して、刪りたる字躰の毫も見えざる様にし、絶へて尋常書生の粗鹵なるが如くならず。嗚呼是れ彼れが成功の大原因に非ずや。彼れは何事も真面目なり。其軽妙婉転たる文章も、本是れ百錬千鍛の裏に出で来る也。彼れは刻苦する人也。ペインス・テーキングの人也。誠実なる人也。其眼に一種の威厳ありて、其口の一字を書せるが如く締りたるは、明かに彼れの人物を示せる者也。

〇文学者としての福澤諭吉君

（一）平民的文学　学問の勧めが世の中に歓迎せらるる頃は、文学は平民的ならざる可らずてふ思想は一般の風潮なりしが如し。明六社中の論文も、岸田吟香氏の新聞も、東京日々新聞の如きも、皆殆んど言文一致の躰裁を以て書かれたり。「ナント熊公堂だへ「時に旧平さんと云へるが如き冒頭を以て、誰れにも読まるる如く書かれたる者多かりき。此点に於ては、当時の識者は今日の文人に勝れりと曰ふべし。文は達意を旨とする者也。最も簡易にして誰れにも通ずるを善しとすとは、当時に於て何人も首肯する所なりき。

而して福澤氏の文章は、当時より今日に至るまで毫も其躰裁を改めず。何人にも解し易きのみならず、読み去りて一種の味あり。極めて俗なれども厭くことなく、人をして覚へず巻を終へしむ。夫《か》の蓮如の「御文章」は彼れが理想の文学なりと聞きつれども、彼れの文は単に文のみとして論ずるも、蓮如に勝ること数等也と云ふべし。

（二）自得する所あり　彼れが文章に斯の如く一種の味ある所以は何ぞや。彼れは其語る所に於て自得する所あれば也。彼れは固より深遠なる哲学を有せざるべし。天地の表彰《シンボル》を通じて神霊を見るが如き超越的《トランセンデンタル》の直覚を有せざるべしと雖も、彼れはたしかに人生てふ経験を有せり。彼れは社会、政治、経済、人情を貫通する数条の道理を理会せり。故に之を語るや、即ち自家嚢中の物を出すなり。彼れは翻訳的に語らざる也、代言的に語らざる也。直ちに自家の胸臆を語る。故に其言自ら快聴すべき也。（中略）

○彼れは党派の首領のみ。国民の嚮導者には非らず。

然れども彼れは一党派の首領のみ。国民の嚮導者には非る也。何となれば、彼れは其一身に於て日本国民が要求する渾ての者を代表せざれば也。請ふ見よ、彼れの弟子等が往々にして唯物的（哲学に於てに非ず、実行に於て也）に流るるを。福澤流の才子と称せらるる人物が、稍もすれば唯生活を善くするの一事を以て其最終の目的となすことを。

人若し金を積んで郷里に居り、時に金を散じて人を恵み、橋を架し、道を作り、小恵小善を行ふを以て足れりとせば、福澤君は実に天下最第一の師たらん。然れども世は唯小善の人を以て治むべからず。尋常平凡の人物より成立ちし共和政治は、最も卑陋なる者なり。是故に世は英雄崇拝を要す。而して福澤君は之を教へざる也。人は唯善く生活するを以て満足する者に非ず。人の心の深き所には、温飽に満足せざるものを有す。是故に世は宗教を要す。此故に世は哲学を要す。而して福澤君は之を教へざる也。是皆天下の最大要求也。而して彼れは冷眼に之を見たり。是れ彼れが一派の餓鬼大将（請ふ、語の不敬を許せ。猶君が所謂楠公権助のごときのみ。悪しき意味あるに非る也）たるに止りて、国民の大師たる能はざる所以也。

吾人をして正直に曰はしめば、世若し福澤君の説教をのみ聞きたらんには、此世は棲息するに足らざる者也。彼れの宗教は、詮じ来れば処世の一術に過ぎず。印度の古先生（聖）が王位を棄て、妻子と絶ちて、樹下石上に露宿しながら伝たる寂滅の大道も、己れの生血を以て印したる基督の福音も、凡そ天下の偉人、豪傑が生命を賭して買ひたる真理も、吾人は之を粟米麻糸と同じく、唯生活する為の具として見ざるべからず。「天は人の上に人を作らず」てふ訓言は真理の一辺にせよ、之れが為めに、最も高き人品は吾人の崇拝すべきものなり、最も偉大なる模範は吾人の畏敬すべきものなりてふ真理の他の一辺を忘却したらんには、吾人は常に碌々たる小人と伍せざるべからず。松島、宮島の美景は美なるが故に保存すべしと説かずして、日本の地は天然の美景に富むが故に、宜しく世界の楽園となして、外人の金嚢を振はしむべしと説くに至つては、是れ天然の恩恵なる清風明月も、亦造銭術《アーツ・ヲフ・マネイ・メーキング》の材料たるのみ。斯の如きの逼仄《ふくぞく》なる天地、是豈人類の生活し得べき所ならんや。

幸にして世は福澤君の弟子のみに非ず。此世は猶未だ全く唯物的、懐疑的、冷笑的の世界に変ぜざる也。

（明治二六、三―五『国民新聞』所載「明治文学史」。『山路愛山史論集』。明治文学全集三五『山路愛山集』）

●――民友社の有力な一員で、明治随一の史論家山路愛山《やまじあいざん》（本名弥吉。元治元―大正六。一八六四―一九一七）の初期の作「明治文学史」（未完）の最後の一節である。愛山は、その「懐旧録」の中で、愛読する先輩の名を挙げて、「僕は福澤、福地、田口、徳富四君を好む」と言っている通り、福澤の文章を愛していたので、愛山の著書の中には、福澤に触れたものが少なくない。「明治文学史」も、彼の尊敬する田口鼎軒と福澤の二人を評論したのであるが、そのあとが続かなかった。

文中、最後の「松島、宮島の美景は云々」という福澤の説は、「日本国を楽郷として外客を導き来る可し」（明治二五、五。全一三、三六四―七）等の所論をさしたものと思われる。（拙著『福澤諭吉論考』所載「福澤諭吉と岡倉天心」七等参照）。

10 欧化主義に対する最初の反動者（仮題）

山路愛山

（上略）明治の初年に於ては、進歩主義の人々は多くは純粋なる外国摸倣論者なりき。されど此の如きは久しかるべき現象に非ず。彼等は更に深く欧洲を学ぶに及んで、漸く欧洲文明の深き素養と長き歴史あるを知り、日本をして一朝にして欧洲たらしめんとするの不可能事なるを解するに至れり。即ち彼等の或る者は、漸く国民的醒覚に近づき来れり。余は其何時頃を以て此の如き反動が彼等の心に生じたるやを劃定する能はず。されど此反動の徴候は、総ての点に於て見るを得べし。田中不二麿の米国より雇来りし文部省の学監博士モルレーが、国語を保存するは国民性《ナショナリチィ》を保存する所以なりと論じて、森有礼等の極端論を抑へたるも是なり。加藤弘之の政治上に於ける漸進論も是なり。西郷南洲が、

> 猥りに外国の盛大を羨み、利害得失を論ぜず、家の構造より玩弄物に至るまで一々外国に仰ぎ、奢侈の風を長じ、財用を浪費せば、国力疲弊し、人心浮薄に流れ、結局日本身代限りの外有る間敷也。

と説きたりてふ風説が東京に伝へられたるも是れなり。而して其最も著しきものを福澤諭吉が風俗保存論を唱へ、銀の急須に番茶を煎ずるは不相応なりと説きて、政府の急進的欧化主義を攻撃し、

天地一家、四海同胞を主義とする「コスモポリタニズム」に向つて非難の声を揚げたるに在りとす。蓋し単に純粋の宗教として之を曰へば、人民の保守的たると進歩的たると、何ぞ其宗教の盛衰に関係あらんや。而も耶蘇教は日本の人民に依りて、外国より来りし教なりとせられつつあるものなるが故に、外国の文物が歓迎せらるる時代と然らざる時代とは、其発達に大差なきを得ず。此の如き反動の気運が、若き耶蘇教会に或る苦痛を与へたるは勿論なり。

果然、福澤諭吉は花岡山盟約の事ありし同じ年の九月二十二日を以て、雑誌『家庭叢談』に於て、今や前途の希望に満帆の風を孕ませて進み来れる耶蘇教徒の動静に対して、其嘲罵の筆を加へたり。彼れの論文は短かかりき。されど其嘲罵は深酷なるものなりき。

彼れは先づ耶蘇教伝道者の内には、海外万里赤の他人の厄介となりて平気の平左衛門たるものありと称し、之を目して字を知る乞食書生なりと呼び、彼等は自己の一身すら治むる能はざるに、しきりに日本人の精神的状態を苦にし、日本人の迷には困ると云ふ其有様は、恰も日本人の為めに極楽の桂菴、道徳の口入をするものの如しと揶揄し、天地一家、四海兄弟の理想はたとひ高尚なるにもせよ、畢竟架空の黄金世界たるに過ぎず、日本人民たるものは、唯応《ま》さに日本国の独立自治を講ずるを先きとすべし、との趣意を以て結論せり。彼れの論文は、安井息軒のそれに比すれば更に短かきものなりき。されど彼れの思想界に於ける位置は、息軒翁の隠君子たるが如くならず。彼れの論文も亦何人にも解し易く、甚だ露骨なるものなりしを以て、余は其人心に与へたる影響の、「弁妄」に勝るものありしを信ぜざる能はず。

（中略）されど人心は、遂に処世接物の現在主義を以て満足するものに非ず。宗教は彼れの思ふよりも深き根拠を人心に有し、彼れの天地万物に対する態度より更に高き敬畏を人心に要求す。此要求は、日本青年の一部をして彼に往かずして、新島襄に行かしめき。（下略）

（明治三九刊『現代日本教会史論』。『山路愛山史論集』。岩波文庫）

◉――愛山が明治のキリスト教史を叙述した『現代日本教会史論』中、「欧化主義に対する最初の反動　福澤諭吉論」の主要部分をここに採録した。明治六年切支丹の解禁が断行され、キリスト教がいよいよ上げ潮ムードに乗った際、福澤の痛烈なクリスチャン批判が大きな衝撃を与えた事を言っている。すなわち明治九年九月発行の雑誌『家庭叢談』第四号に、「字を知る乞食」（全一九、五五八―六〇）の一文を掲げ、日本の青年たちが外人宣教師の門に出入し、さまざまな物的援助や特典を受けて、伝道などに従事するのを、恥知らずのインテリ乞食だと罵倒したのである。

文中、「田中不二麿」は、明治初年永く文部大輔を勤めた人で、事実上今日の大臣同様の実力者であった。明治初期の文教制度は、ほとんどこの人の手で作られたといってもよい。「モルレー」（David Murray）は、明治六年来朝、一二年まで滞日し、その間文部省の学監（最高顧問）として、田中の教育行政に協力した功労者。教育はその国の伝統を重んじなければならぬことを主張し、田中や森有礼など日本官僚の行過ぎたアメリカ主義に警告を与えた。「加藤弘之の議院尚早論」は、明治七年一月、板垣退助らの民選議院設立の建白に対して反対したもので、そのために加藤（当時左院の一等議官）は、議院尚早論の頭目と見られた。「花岡山盟約」は、明治九年一月、当時九州におけるキリスト教（新教）流行の中心地熊本において、小崎弘道・金森通倫・海老名弾正以下、三十数名の青年信徒（いわゆる熊本バンド）が同地郊外花岡山に集まって、信仰を誓い合った事件をいう。彼らはその後相携えて京都に赴き、前年開校されたばかりの新島襄の同志社に入学したので、これが後年同志社の発展する基礎となった。「安井息軒」は幕末から明治初年にかけて、一世の大儒として重んぜられた人で、その著『弁妄』（明治六刊）は、当時儒教の立場からしたキリスト教排斥論の代表書ともいうべきもの。

●――なおこの愛山の文章は、後に大隈重信編『開国五十年史』下巻（明治四一刊）の「基督教」（本多庸一・山路弥吉執筆）にも、やや簡約した形で載っている。

偏人福澤先生（仮題）

II

山路愛山

（上略）先生は明治の偏人なり。大なる学究なり。世に先生を目はしの利き、融通の利き、善く世と推移りて物に執着することなき利口者のやうに思ふものあれども、それは恐らくは世間の誤にして、我等などは左様には存ぜぬなり。先づ先生の遺伝を見よ、先生の厳父百助《ひやくすけ》氏は野本雪巌、帆足万里両先生に学び、好んで経義を講習し、文章を作為し、其恒言にも、聖経にあらざれば道を知る能はず、文章に非れば其意を伝ふる能はず、といひし経学者兼文章家にして、中津の文壇には一人の勁敵なく、九州の読書連中に内々恐怖せられたる学者なり。先生は此の学者の子なり。学者らしかるべき家筋に生まれたるものなり。且つ先生の自伝に依るも、家風は自ら一癖ありて、藩中に孤立したり。幕府の小吏となりし外は、六十年の生涯未だ嘗て膝を屈して長官とやら云ふものの下風に立ちたることなく、窃かに勝海舟翁が明治の世界に饒舌多言するを不快とし、瘠我慢の説を作りて罵りたる狷介家なり。されば始終一室に居りて天下を睥睨し、諸生を集めて先生と仰がれたる外、実際の世には、実に一歩も踏出したることなきお山の大将なり。我等は先生に謁したること唯一回なれども、窃に此の観察は過まらずと思へり。此時の事なりき、先生は我等が頼山陽を好物なりと聞きて、いや〳〵山陽などより己の爺《おやぢ》福澤百助はゑらき人物なりきと、顔の一筋だに動かさずして滔々と語られたる其有様は、今猶眼につき、眼中天下を曠《むなし》うしたる大偏人の真相、躍々として動くが如くに感ずるなり。されば利口者といひ才子といふべきは、福澤先生にあらずして、桜痴居士なり。居士は如何にも軽妙の才子にして、場所を知り、時を知り、人気を知り、世間を知る。八面玲瓏にして、而も円転滑脱なり。人の議論を理会し、人の顔色を理会し、人の性情を理会すること、天下誰れか居士の右に出づるものあらんや。雪池《せっち》先生を見れば、昂々焉として高く自から標榜し、他人の門籬に依らずして、孤筇《こきょう》万山を度《わた》るの概あり。桜痴居士を見れば、人と共に笑ひ、人と共に泣き、通の通、粋の粋、万事を呑込みて万事を斡旋するの量あり。一は学究の大なるものにして、他は通人の逸品なり。但し運命は往々奇を弄するものにて、学究の大なるもの偏人の大なるものは、世と事を共にするを肯んぜず、或は世と事を与にする能はざりしが故に、却つて世の累《わづらひ》を蒙らず、成功の途に活きて、幸福の墓に死に、通人の妙なるもの粋人の大なるものは、世と事を共にするを好み、或は世と事を共にせざる能はざりしが故に、却つて世の累を蒙り、不幸の伝記を残して、哀悼の詩に葬られたり。されば成敗の迹にのみ依りて人事を論ぜんとする人は、福澤先生を以て大通人なりとすれども、我等は却て先生を以て大偏人、大学究とするものなり。然るに此の大偏人、大学究も、明治時代の払暁より、早くも黄金の大切なること、金儲が人間当然の務たること、町人となりて十露盤《そろばん》を取るも、役人となりて巻煙草を燻らすも、人間の等級に別段の差別は無し、其上今の天下に於て、独立独歩の人間として地上に生存する能はず、政府の厄介になり、給金に衣食するは寧ろ恥づべき事なりと唱へ、大に町人道を鼓吹し、黄金崇拝、商売崇拝の一宗を開きたること、不思議と云ふも余あり。さりながら是は、先生自身の上より云へば自然の結果なりし。昔の武士は一剣に仗《よ》りて天下を横行し、一身の面目を剣の影に防衛し、進んでも唯一剣、退いても唯一剣、自由も剣の光に輝き、独立も剣の下に保ちたり。されば剣道は武士の表芸にして、武士の心事は唯剣のみ知りたり。さりながら剣既に錆び、鎗既に折れたる郡県の世界に於いては、自由を愛し、独立を好み、体面を重んずる紳士の、頼《よ》りて以て金城鉄壁となすべきものは何ぞや、嗚呼、唯黄金あるのみ。是れは虫が好かぬ道理なれども、真の道理なり。されば郡県時代の剣道は、則ち金儲の術たるに外ならず。武士が黄金を毛虫同様に見做して軽蔑したるは、主人の共同倉庫に衣食したる故なり。主人の共同倉庫なければ、武士と雖も自己の倉庫に黄金を貯はへざるを得ず。是れ極めて明白の道理なり。誰れにでも分りさうなる理窟なり。さりながら此程平凡なる道理も、福澤先生出づるまでは、世間は猶五里霧中なりき。是れは世間の士族に独立自尊の精神なく、他人の蔭に身を立てんとする薄志弱行の者多かりし故なり。抑も物の道理といふものは、天性聡明にて、理窟の上よりすら〳〵と悟るものもあれども、多くは其人の性情にて、強く悟る所と弱く悟る所とあるものなり。太平の天地に、一個独立の紳士として存在せんことを希望し、朋友も、親類も、門人も、世間の人も悉く役人たるを競ふ世の中に立ちて、役人を眼下に見下し、独り学者の体面を維持せんとしたる偏人が、其偏人を立通すべき山賊の窟《いはや》として、黄金の城を夢みたるは当然の事なりと云ふべきものなり。さりながら先生は士族なり、町人に非ず。学者なり、店の番頭に非ず。しかつめらしく帳合《あひ》の法を論じ、商売の道を語り、利息の勘定をすれど、畢竟は畠の水練、炬燵《こたつ》の兵法にして、黒人《くろうと》より見れば随分冷笑すべきものありしならん。幸にして其頃は万事素人《しろうと》の世なり。未だ嘗て一兵卒を動かしたることなき兵学者もあり。未だ嘗て檀家の一人も持たざりし宗教家もあり。殊に素人の張本は明治政府自身にして、廟堂の諸公は多くは是れ一介の書生なり。大宝令を拾ひ読みして、直ちに政府を改造せんとしたるものもあり。日本政記を典故にして、新政を議したるものあり。其有様、女学校出の少女をして直ちに大家の繰廻しを為さしむるに異ならず。誰れも彼れも素人にして、嫁を取らぬ前に理想の家庭談をなすものに過ぎざれば、先生一人を尤《とが》められずして、無鉄砲なる商人道を主張し、慶應義塾を根拠にしてしきりに黄金崇拝、商売独立、官民平等の議論を揮廻したる其結果は、天下始めは其奇論に驚き、中頃はその傍若無人を怒り、末には終に烟に巻れて其議論に感服し、追々商売に身を投ぜんとしたるはね返りの若者の出来たる其時に、政府にては物の分りそうなる町人あれかしと待設けたれば、恰も福澤門下は其供給者となり、多く我等の所謂政商を出たり（ママ）。

（中略）

但し其頃独立自尊を唱へ、商売は士族の宜しく営むべき所なりと思ひたるは、独り先生に止まらず。西洋の新学に触れたるものも、何れも多少其考なきはなかりし中に、先生は殊に之を痛論したるが故に、恰も拝金宗の開山を一人にて脊負ひたるの観ありしのみ。其の上先生の極意は、一人の独立を主とし、此の独立のために商人道を唱へたるに、其の門人よりは却つて政府の庇蔭《おかげ》に依れる政商を出だしたるは、事志と違ひたるものに相違なかりしも、是れは所謂人事意の如くならざる世界の常例にして、敢て独り先生をのみ尤むべきにあらざらん歟。

（明治四一刊『現代金権史』。明治文学全集三五『山路愛山集』）

●――愛山の主著の一つ『現代金権史』は、明治の資本主義の発達、財閥の発生を論じたもので、ここに掲げたのはその一章「政商論」に付説された「附福澤先生」と題する文章である。福澤の黄金尊重の精神が、彼の独立心と反骨との所産であることを明らかにするとともに、明治の政商の多くが福澤門下より出た所以を説いている。

●――愛山の福澤偏物論は、これよりさき、『福澤先生哀悼録』所載「嗚呼福澤先生」（信濃毎日新聞）にも出ている。多少重複のきらいはあるが、愛山その人の面目がよく出ていると思われるので、その一節を引用する。

（上略）我輩は由来先生の門人にもあらず、先生の学流を斟みたるものにも非ず。門外の一漢子に過ぎざれども、昔しより窃かに先生の風を慕ひ、日本唯一の大家なりと信じ居りたるものなれば、今度の報を聞きて、実は非常に落胆したり。（中略）顧るに我輩が先生に咫尺し、親しく其教誨を蒙りたるは僅に一回に過ぎず。そは明治廿九年の頃なりしも、何れの日なりけん、今は定かに覚えず。但し春の日の麗かにして、明り障子に虻のたかり居りしを記憶せり。此日我輩は、友人の紹介に因りて謁を先生に執りたるに、先生は長き羅宇の煙管を畳に突き立てながら、種々の話をせられたり。頼山陽などはつまらぬ男なり、山陽よりも己れの親の福澤百助の方が立派なる文章家なりとて、先づ家庭の素養より話し出され、談一転して運命に及び、我は刺客と云ふものを避けんとして避け得べきものに非ることを知れり。其訳は斯様々々なりとて、先生が危地に立ちて数ば自ら知らざりしこと、自ら危地なりと思ひしことの実に危地に非りしことなど話されたり。唯一場の談話ながら、最後の数言は殊に我輩をして感深からしめたりき。先生の特色は実に此所に在りと見えたり。世間には先生は金儲けの上手なる利口者なりと思ふものも多き様なれども、是れは皮を相して肉を相せざる僻論なり。成程人間は働きて金儲けをなすべし、世の中を上手に渡るべしとは先生の持論に相違なけれども、先生は当世の才子にも非ず、金を拝む信者にもあらず。一生乾坤の布衣を以て満足し、誰れにも頭を下げず、誰にも世話にならず、唯著述文章を以て独立して終りたるものにして、申さば大なる偏人なり。我輩の渇仰する所は、其偏人たる点にあり。若し先生をして偏人たらざらしめ、政府の役にも立ち、政党の提灯も持ち、仕官の桂庵もすると云ふが如き利口者ならしめば、何ぞ今日あることを得んや。先生の本領は、何処までも福澤一流を立通し、己れを枉げては何人とも調和せず、何人とも一致せざる偏人にして向不見なりし一点に在るべきなり。（下略）

福澤先生の政治論（仮題）

12 山路愛山

◎福澤先生の文集を通読するに、先生の殆んど死ぬる迄深く信じて違はざらんとしたるは科学の権威なり。此点に於ては先生は醇乎たる理論家なり。急激なる進歩党なり。

◎されど政治論に至つては、先生は常に全体の権衡を見る。先生の心は、如何なる時に於ても多く熱せず。先生の一事を論ずる毎に、其心は常に他事にあり。事物の両端を見て、其精神を一面に集注する能はず。故に先生は開国論の主唱者たれども、之と共に日本風俗の破壊者たること能はず。民権自由の闘将たること能はず。論戦の前面に立ちたる破邪顕正の驍将たること能はず。其態度は批評的にして、其議論は常に全体の権衡を失はざるを旨としたり。是れ福澤先生の生涯を研究するものの看過する能はざる所なり。

◎余始め通俗国権論、家庭叢談、時事小言等を読んで、先生は齢四十にして既に保守党となれりと思へり。何となれば、天下正に民権の伸張を急とする時に当りて、先生は国権論を唱へ、天下正に風俗宗教の根本的革新を要する時に当りて、先生は人心の余りに進み過ぎたるを憂へたればなり。余は人は到底齢に敵すべからず、先生も亦知らず識らず保守的傾向を帯ぶるに至れりと思ひて、窃に其思想の変化を悲しみたりき。されど今にして先生著論の始終を案ずるに、先生は生れながらの保守党なり。全体より部分を見るものなり。精神の活動を一点に集注する能はざるものなり。未だ必ずしも其齢の少年たると壮年たるとに相関せざるなり。
◎世の所謂急進論者、醇理論者といふものは、必ずしも其思想の豊富なるを要せざるなり。彼れは時代の叫破せんとする一原理を見て、其他を知らず。彼の意は馬車馬的なり。彼れの思想は極めて明白なる所と、極めて暗黒なる所あり。彼れは恰も青年の恋の如く政論に熱す。故を以て直前勇往、未だ嘗て左右を顧みざるなり。福澤先生の心は、決して此の如き急進論者たる能はざりしなり。
◎天下を動かすものは簡単なる原理なり。禅と念仏と法華とが一代を風靡したる秘訣は、其唱ふる所が簡単明白なりしに在り。されど天下を動かすの道は、必ずしも天下を治むるの道に非ず。論者若し身を治者の位置に置かば、全体の権衡は、直ちに論者をして簡単明白の価値少きものたるを知らしめん。言ふものは知らず、知るものは行はず。我等は簡単明白なる理論の唱へ易く、人を動かし易くして、而も実行の価値なきものなるを知る。
◎福澤先生は世を動かすよりも、寧ろ世運を牽制する点に於て其長所を発揮したりき。

（明治四四刊『書斎独語』其二）

◉——愛山の随筆集の一節。福澤の性格に平衡的感覚の発達していたことを言い、それが後年の政治論に明白にあらわれたことを指摘したものである。愛山自身の年齢の変化に伴って、その福澤観も深化し円熟してきたことを思わせる。ここの主旨は、後に掲げる陸羯南の「社交上の急進家にして、政治上の保守家」とする福澤観と相通ずるところがあるように思われる。

13 福澤翁と敬宇先生（仮題）

北村透谷

（上略）明治の革命は、既に貴族と平民との堅壁を打破したり。政治上既に斯の如くなれば、国民内部の生命なる「思想」も亦た、迅速に政治革命の跡を追躡《つゐでふ》したり。此時に当つて、横合より国民の思想を刺撃し、頭を挙げて前面を眺めしめたるものこそあれ。そを何ぞと云ふに、西洋思想に伴ひて来れる（寧ろ西洋思想を抱きて来れる）物質的文明、之なり。福澤諭吉氏が「西洋事情」は、寒村僻地まで行き渡りたりと聞けり。（中略）

文人としての彼は、孳々《じじ》として物質的知識の進達を助けたり。彼は泰西の文物に心酔したるものにはあらずとするも、泰西の外観的文明を確かに伝道すべきものと信じたりしと覚ゆ。教師としての彼は、実用経済の道を開きて、人材の泉源を造り、社会各般の機務に応ずべき用意を厳にせり。故に泰西文明の思想界に於ける密雲は、一たび彼の上に簇まりて、而して後八方に散じたり。彼は実に平民に対する預言者の張本人なり。前号にも言ひし如く、維新の革命は前古未曾有の革命にして、精神の自由を公共的に振分けんとする革命にてあれば、此際に於て尤も多く時代に需めらるべきは、此目的に適ひたるものなるが故に、其第一着として三田翁は皇天の召に応じたるものなり。然れども、吾人を以て福澤翁を崇拝するものと誤解すること勿れ。吾人は公平に歴史を研究せんとするものなり。感情は吾人の此場合に於て友とするものにあらず。吾人は福澤翁を以て、明治に於て始めて平民間に伝道したる預言者なりと認む。彼を以て完全なる預言者なりと言ふにはあらず。

福澤翁には、吾人「純然たる時代の驕児」なる名称を呈するを憚らず。彼は旧世界に生れながら、徹頭徹尾、旧世界を抛げたる人なり。彼は新世界に於て拡大なる領地を有すると雖、その指の一本すらも旧世界の中に置かざりしなり。彼は平穏なる大改革家なり。然れども彼の改革は、寧ろ外部の改革にして、国民の理想を嚮導したるものにあらず。此時に当つて、福澤氏と相対して、一方の思想界を占領したるものを、敬宇先生とす。

敬宇先生は改革家にあらず、適用家なり。静和なる保守家にして、然も泰西の文物を注入するに力を効《いた》せし人なり。彼の中には、東西の文明が狭き意味に於て相調和しつつあるなり。彼は儒教道教（マヽ）を其の末路に救ひたると共に、一方に於ては泰西の化育を適用したり。彼は其の儒教的支那思想を以てスマイルの「自助論」を崇敬したり。彼に於ては正直なる採択あり。熱心なる事業はなし。温和なる崇敬はあり、執着なる崇拝はなし。彼をして明治の革命の迷児とならしめざるものは、此適用、此採択、此崇敬あればなり。多数の漢学思想を主意とする学者の中に挺立して、能く革命の気運に馴致し、明治の思想の建設に与つて大功ありしものは、実に斯る特性あればなり。改革家として敬宇先生は無論偉大なる人物にあらざるも、保守家としての敬宇先生は、少くも思想界の一偉人なり。旧世界と新世界とは、彼の中にありて、奇有なる調和を保つことを得たり。

福澤翁と敬宇先生とは、新旧二大潮流の尤も視易き標本なり。（下略）

（明治二六、四―五『評論』一―四号所載「明治文学管見」。岩波版『透谷全集』二）

◉――――愛山と親交があり、思想上では論敵でもあった浪漫主義の詩人評論家北村透谷《きたむらとうこく》（本名門太郎。明治元―二七。一八六八―九四）の「明治文学管見」（未完）の一節。透谷はこの文章で明治文学史を書きあげるつもりであったが、結局福澤と中村敬宇を評論しただけで中絶となった。丁度この文章は、愛山といわゆる人生相渉論争を重ねていたころの産物である。しかも愛山も、透谷と並行的に前掲「明治文学史」を執筆しつつあったが、やはり田口鼎軒と福澤の二人を評論しただけで中絶してしまったのは一奇とすべきである。透谷には、これ以外に福澤を論じた文章はないようだ。

14 戸川秋骨

福澤先生

（上略）世には明治の教育若くは思想を二種に分ち、甲を精神的教育となし、乙を物質的教育となすものあり。余は斯くの如く教育なるものが判然二種に分割し得べきものなるかを疑ふ。然れども仮りに説者の言に聞かんに、その言ふ処は単にこれに止まらずして、曰く、前者は基督教界の力を用ゐし処にして、故新島先生はその代表者なり。後者に至りては則ち福澤先生これを代表すと。理論の上に於ける二種の教育に関しては、今敢て言はず。只それ此の代表者の事に至りては、余は大に異議を挾まざるを得ざるなり。新島先生は果してしかく精神的教育を施したるか。然り、先生自からの期せし処と、門弟の渇仰する処とは、共に所謂精神の修養にありし事言ふまでもなし。然れども新島先生の心霊は、しかく精神的なりしか、門弟諸氏はしかく精神的教育の訓練を得たるか。少くとも新島先生は、物質的教育家を以て目さるる福澤先生より以上の精神教育を施ししか、又其門弟諸氏は、福澤先生に依りて得らるべきより以上の精神的感化を受け得たりとするか。余は新島先生を知らず。知らずして猥りにその行為を云々するは甚だ礼にあらざるべしと雖も、世に伝ふる処の所説を以てこれを推断するに、先生の精神は愛国敬神の一事に帰するが如し。而してこれに新らしき色彩を与へたるものは基督教なり。然れども愛国敬神の如きは尋常平凡の事たり。そは維新の当時に於ては、児童走卒の脳裏にも起りし念慮ならずや。基督教に至りては、余を以て言はしむれば、むしろ先生の行動を害ひしものに外ならじ。愛国を標榜して米国に資金の調達を乞ふが如きは、亦奇異の事跡にあらずや。彼れに出金の憐みを乞ふもの続出せしも、亦斯くの如き先例より来りしや知るべからず。余の言は計らず新島先生に亘れり。而もむしろその短を言はんとせり。然れども余は、先生を貶せんと欲するものにあらず。ただ先生と福澤先生との精神的感化に於て、その異る処は五十歩と百歩との差にして、その質に於て異る処なきを言はんと欲するのみ。精神的教育、物質的教育なる分類の畢竟無意義なるを言はんと欲するのみ。新島先生に就て言はんと欲する処多し。然れども今は福澤先生に返らざるを得ず。

余は福澤先生に於ても愛国の精神は偉大なりしと信ず。基督教の思想は先生の心裏に入らざりしと雖も、所謂敬神の念も亦篤かりしと信ず。ただ先生に於ては、これ等の思想にも増して、時世を観るの眼光あまりに鋭敏なりしが為め、尋常平凡なる愛国敬神の念慮の如きは、特にこれを発揚するの暇なく、又其要さへもなかりしなり。むしろこの平凡なる愛国敬神の如きは、先生が平々凡々たる日常の行為に於てこれを示されしものならんか。それ愛国も敬神も忠孝も、素と標榜すべきものにあらずして、行ふべきものなればなり。左れば世は内乱に際し、上下混乱、相ひ殺し相ひ争ふの間にありて、先生は平然江戸の一角に義塾を開き、子弟の教育に心を潜めたり。これやがて先生の愛国的精神と先見の明との一致したる処にあらずや。この一事すでに以て先生の精神的教育と為すべからずや。神怪を説き感情に走らざれば以て精神教育となすに足らずと言はば、余は又何をか言はん。所謂仁義忠孝を以て平凡の事実となし、それより以上の道義を世に求めたる先生の教育は、また確たる精神的教育にあらずや。(中略)

人格は力なり。人格は凡てなり。新島先生が世に重きを為す所以のものは、その精神的教育の如何にあらずして、人格にあり。福澤先生に於ても亦然り。余は現代に於て大隈伯爵の人格の偉大なるを見る。伯は早稲田の私邸にありて、近くは内閣を牽制し、遠くは北米の社会を動かせり。只近者東奔西走、朝に公堂に演説し、夕に宴席に高談す、労は則ち労とすべく、老て而して益々盛んなる意気の偉なるはまた壮とすべし。然れどもその人格に於ては、むしろこれを低落せしむるの恐なきにあらず。福澤先生に至りては、三田の私邸に籠り、その身一歩も門外に足を運ばずして、天下に号令し、その威力は遠く海外に迄で及べり。時間に於ても、先生の勢力は啻に今貴族院に代表せらるるに止らず、その遺訓は永く三田の高台に残りて、常に新時代にその発芽を為すべし。蓋しその教は平凡なりしと雖も、なほ先生は明治年間に於ける最も偉大なる人物たりしと云ふを得べきか。

(下略)

(明治四〇、七『中央公論』。明治四一刊『時代私観』)

◉――明治二十年代、北村透谷や島崎藤村らとともに、『文学界』の同人の一人で、後年英文学者およびエッセイストとして業績をのこした戸川秋骨《とがわしゅうこつ》(本名明三。明治三―昭一四。一八七〇―一九三九)の福澤論。彼は藤村と同じく明治学院の出身であるが、永く慶應義塾に英文学を講じた。この文章は、福澤が無宗教で、あくまで平凡円満な市民道を説いたところに真骨頂があるとし、「欧米に宗教なし。少なくとも米国に宗教なし。若しありとすれば、先生の説ける程度の宗教に過ぎず。世には文明の要素として宗教を挙ぐるものあり。蓋し一種の幻想に過ぎざるべし。余は先生の思想がよく現代の文明を説明せるを記し、併せて現代の文明が決して宗教に依るものにあらざる事を一言するものなり」と言って、文明社会における宗教の勢力影響が重視するに足らぬことを主張している。かくて彼がその立場から、新島襄のキリスト教教育よりも、福澤の無宗教教育の方に好意を示し、両者の教育を単に宗教的見地から、物質的・精神的と分つことの無意義さを論じたのは、暗に徳富蘇峰の見解（本書04）などに反対したものといえよう。要は、宗教的教育に価値があるのではなく、教育者自身の人格的感化がその教育的価値を決定するのだという意見である。ここには原文の約半量を抜萃した。

15 福澤諭吉と大隈重信

三宅雪嶺

明治六年明六社設立のころ、福澤氏は西、神田、津田、加藤等諸氏と伍し、実に謂ゆる洋学者の一人なりしかば、事の始めに之れが価を定むるの世の習ひより、今も尚ほ爾く認め居るもの少からず。加藤氏の若き、亦た此の見を免れず。福翁百話に対し貧叟百話を出し、其の自伝に対し己が自伝を出し、ひたすら向ふを張らんと試みたるが如し。而も、士別れて三日、目を刮《ぬぐつ》て待つべしといふ。況んや一堂に会してより二十五星霜、豈に多少の変遷なくして可ならんや。謂ゆる洋学者は皆なそれ〴〵進むべき所に進み、止まるべき所に止まり、既に男爵を以て功を表せられぬ。特に加藤氏は書を読むこと尋常ならず、幾年か読める中に、福澤氏の書名だも知らざるもの、挙げて計へ難からん。読書万能の眼よりしては、福澤氏は実に未熟ものとも見ゆべし。然れども人の能事は読書に限らず。福澤氏の書を読むの多からざる、これ其の謂ゆる洋学者の範囲を脱し、一層高く飛躍するに至れる所以なり。氏は学者として身を起ししかど、其の本分は読書にあらず、記誦にあらず。若し学者たらば、学者に笑はれて顧みず、却て其の学者を笑はんとするの学者なり。世の以て学者とする所の者と頗る類を異にす。

福澤氏の事、村学究多く之を加藤氏に比す。福澤氏と加藤氏と、相ひ似るもの無きに非ず。唯だ似るの少くして、異なるの多きのみ。若し強て比較を欲する、稍々意外に見えんも、寧ろ大隈氏に比するの、似るの多くして異なるの少きに勝れるに若かず。福澤氏の人と為り及び其の処世の方法、全く加藤氏の型ならず。同じきを求むる、只だ洋学者の名ありしといふに過ぎず。然れども大隈氏と対比する、骨格の逞しく、相応の腕力ある処相ひ似たり。弁舌に長じ、動もすれば詭弁を以て人を圧する処相ひ似たり。理解の早き処相似たり。貨殖に巧みなる処相ひ似たり。徒らに金銭を貯蓄せず、能く事業に活用する処相ひ似たり。進で時勢に順応し、順応すと雖も屈従に甘んぜざる処相ひ似たり。活社会に処し、活社会を動かす処相ひ似たり。学校を設立し、子弟を教育する処相ひ似たり。新聞を使用し、意見を発表する処相ひ似たり。多く部下を有し、其の部下が不平を抱きつつ服従する処相ひ似たり。部下の弊短よりして誤解を被むる処相ひ似たり。事に当りて屈せず、撓まず、瘠我慢を分とし、瘠我慢を得る処相ひ似たり。其他相ひ似たる処尠少なりとせず。

異なる処を求め来たる、福澤氏の平民的、素町人的、長脇差的、無位にして無爵なる、大隈氏の貴族的、公卿的、大名的、二位にして伯爵なる、則ち相異なり。而も前者の馬車に駕し、堂々を装ふことある、後者の有ゆる階級に交り倦むを知らざる、亦た接近せずとせず。福澤氏の政党に関係せざる、大隈氏の政党に関係せる、これ亦た相異なり。而も前者と雖も、国会開設の詔勅までは、政党に関係し兼ねまじき勢にして、若し引続き政界に出で居しならんには、或は一方の首領と為りたるやも料られず。其の主我的にして、人を融合する能はざるを以て首領たるに適せずとせば、後者も亦た充分なる者にあらずとすべし。福澤氏の自ら教場に授業せる、大隈氏の教務を与かり知らざる、これ亦相異なり。而も前者の自ら教場に出でたるは久しき以前の事にして、其の直接に教務に関せざる、後者と択ぶこと無し。後者と雖も、維新前には自ら英語を受持ちしことあるなり。福澤氏の教育家として感化を及ぼせる、大隈氏の絶えて斯の如き事なき、これ亦相異なりとせらるべきも、前者の教育家としての感化は果して如何のものなるかと問ふ、則ち疑なきを得ず。拝金宗は必ずしも其の結果に非ざるべく、若し結果なりとせば、悪結果なるべし。独立自尊は方針たるに足るべけれど、其の出でてより日尚ほ浅し。未だ結果を見ず。究竟するに、其の学校事業に於ける成功は、大なる私立学校を設立し、之を維持し、之を発達したりといふに在り。乃ち他の一人も、及ばずと雖も、尚ほ雁行するに堪へん。

一言にて蓋へば、福澤氏の以て偉なる所は、其の人にあり。瘠我慢を徹ほせるにあり。独立自尊の模範を垂れたるにあり。而して是れ亦た大隈氏に称すべき所。然れども大隈氏は、自ら知らざるの嫌なきに非ず。当る可らざるに当り、成す可らざるを成さんとすること屢次、為めに失敗せること甚だ多し。福澤氏は此の弊少し。随ひて事を創むる概ね成功し、中途にして之を廃せるが如き、僅々算ふべきのみ。二人均しく自負心に富み、俗に云ゆる自惚の骨頂なりとすべしと雖も、福澤氏は其の程度を知り、甚しきに至らずして已む。独立自尊としての福澤氏は、慥かに大隈氏の上に在り。

（明治三四、二『日本』。『福澤先生哀悼録』）

◉――徳富蘇峰の民友社と対峙して、日本主義、国粋主義の立場を標榜した政教社の中心人物三宅雪嶺《みやけせつれい》（本名雄二郎。万延元―昭和二〇。一八六〇―一九四五）は、識見博大な思想家で、人物評論においても犀利な眼孔を備えていた。この福澤と大隈との比較論は、簡潔に両者の風格を穿ち得たものであろう。

16 天爵を重んずること、三百年間類を見ず（仮題）

三宅雪嶺

（上略）福澤氏一代の行事は、徳川氏三百年間に在りても多く類を見ざる所、伊藤仁斎は此と性格を異にし、品位較〻其の上に在らんも、終生仕へずして世に重きを為したるは頗る相ひ似たり。頼山陽の布衣にして海内に知られたる、亦た相ひ似たりとせん。而して其の世に於ける種々の関係より徴するに、一種独歩の点無きにあらず。もと博覧宏聞世に絶せるに非ず。今の謂ゆる学者なる者より観る、則ち学者の名を下だすの値だになけん。而も又た学才に富み、創識に長じ、学んで能く成達すべきの器、若し専門の学を修むれば、優に群を抽きて大家に列するに堪へしならん。而して終に茲に出でず、古今学者の説を参酌して蘊蓄する所の博宏なるを示めすよりは、寧ろ自已の胸臆より醞醸し来りて、之を社会の人士に鼓吹するの方を採れり。斯くして始終一家の見識を保つを得、頽波激浪中に挺立して乱るるなく、一世をして師とし尊ばしめたるもの、実に学者以上の学者たりしと謂ふべし。特に有ゆる人爵を辞して受けず、専ら天爵に安んぜしが若き、如何なる批難の頭上に加へられしにせよ、洵に明治の時代に傑出せる偉大の人物たりしを称すべし。近時人益〻虚栄に趨るの風あり。栄位を欲し、顕爵を欲し、之を欲して獲取するに汲々たる者、滔々たる人士皆な是なり。彼れ学者は由来天爵を有する者として崇視せられしに、今や斉しく滔々たる人士を追ひて此の群に投入するのみならず、且つ卒《（率）》先して人爵を獲取するに黽め、為めに権貴に附縁して阿諛奉承、唯だ到らざらんことを之れ恐る。其の死後授爵の栄を荷ひ、生前の功労を表せらるるは言ふべきの限りならざるも、自身奔走して之が獲取に汲々たるに至りては、心事の陋劣殊に厭ふべし。而して維新の際、辛うじて驥尾に攀援し名を成したりし文盲漢の、或は侯爵と為り、或は伯爵と為りて、一代に傲視せるの時に在りて、僅に男爵を授与せられ、仍て欣抃雀躍、欲する所を獲たりとして満足し、却て学者の地位之が為めに低落せるを顧はず。彼輩を以て視れば、福澤氏は真に単身にして天爵の為めに気を吐き、以て他の人爵を掲げて誇矜せる者をして顔色無からしむる者、事や快とすべし。三百年を通ずるも、天爵の重んずべきを国人に知らしめたる、一人の能く其の右に出でたる無し。氏や斯点に於て幾んど第一等の称を擅にせん。

（明治三四、二。明治四三刊『偉人の跡』）

◉――明治三四年一月二四日、九十九歳の天寿を保って没した本草学者の理学博士伊藤圭介と、翌月三日病死した福澤とを並べて、その業績を回顧した「伊藤氏と福澤氏」と題する文章中、後半の福澤に関する部分だけを採録した。伊藤圭介の名は今日ほとんど忘れられているが、科学界の最長老として重きをなしたから、伊藤と福澤とが旬日の差で相ついで長逝したことは、当時たまたま伝わったイギリスのビクトリア女王崩御（一月二二日）のニュースとともに、きわめて大きな話題だったのである。雪嶺が福澤の終生天爵を重んじた点を最も高く評価し、これに反して、政治家の後塵を拝して僅かな栄爵にも欣喜雀躍する世上の学者連を卑しんでいるのは、雪嶺その人の性格をもよく反映したものであろう。

17 三宅雪嶺

独立自尊も大阪流（仮題）

○明治十五年三月時事新報の創刊（仮題）

（上略）新聞が政党にて別かるる際、（時事新報は）一躍して重きを成す。後にこそ「不偏不党」といふ事が曖昧糢稜の別語となれ、当時不偏不党なるを求めて得ず、偶々時事新報の一党一派に偏せず、其上に出づるが如くし、各方面の報道を網羅せるは、営業上にも機敏たるを失はず。（福澤は之に先んじて時事小言なる一書を著はし、世間にてヂヂコゴトと云へるが、其頃より時事の語に興味を覚えしなるべし。十二年三月、府会に出で、福地が議長、自身が副議長となりしは、頗る忌々しく感じ、幾もなく辞職せる程にして、其後福地が調子に乗りて活動し、信用を失ひ、七面鳥と呼ばる。其の反対に福澤が信用を増し、大隈、伊藤、井上の三人より機関新聞の発行を勧められ、三人が不和となり、伊、井二人が福地を利用し、大隈が矢野等に託する時、不偏不党を標榜し、断然街頭に打つて出でたること、天晴れの行動とすべきが、社論を連載しつつ、中止して前の鋒を収め、或は尻切蜻蛉となり、福地と孰れが七面鳥なるかを疑はる。福澤は大阪に生れし所もあり、武士の町人化せる者にして、幾分か武士風を残しながら、権力に対して瘠我慢を張るべきを思ひ、金力に対して之を張るべきを思はず、独立自尊も大阪流とすべし。）

（『同時代史』第二巻、一八八）

○明治三十四年二月福澤諭吉歿す（仮題）

（上略）福澤は学才あれど、読書より知識を活用するに長じ、官立学校の整ふまで、全国第一の学校たる観を呈す。権力に対して頗る強硬、金力に対して然らず、或は学商と呼ばる。（田中文部大輔が福澤を文部大丞とせんとし、之を語るや、福澤は云ふ、「私が大丞、貴方は何の官か」と。事は談笑の間に別れ話となる。）

（同上第三巻、二四六）

◉——雪嶺の晩年の大著『同時代史』（昭和二四—九刊）には、福澤のことが随処に出ているが、主要な二条だけを抜抄した。簡単であるが、さすがに辛辣な福澤観というべきである。田中文部大輔については、本書10解説参照。

18 陸羯南

政論社会の通人(仮題)

(上略)反動的論派は大抵其の正を得ること難し。福澤氏の説、実に旧時の思想に反動して起りたるもの多きに似たり。故に公私の際を論ずれば、私利は即ち公益の本なりと云ひ、以て利己主義を唱道す。上下官民の際に付ては、双方の約束に過ぎずとし、君の為に死を致すが如きを排斥し、以て自由主義を唱道す。殊に男尊女卑の弊害を論じて、故森有礼氏と共に男女同権論を唱へたるは、当時の社会をして頗る驚愕せしめたり。此等の点に付ては、福澤氏一派の論者、実に最も急激なる革新論者たり。然れども政治上に於ては、夫の国権論派に比すれば、却て保守主義に傾きたるも亦奇ならずや。

此論派の政治主義は、英国の進歩党と米国の共和党とを調合したるものの如し。彼れ社交上に於て階級儀式の類を排斥すれども、旧時の遺物たる封建制には甚しき反対を為さざりき。寧ろ中央集権の説に隠然反対して、早くも地方自治の利を信認せり。世人に向て利己主義を教へたるも、尚ほ当時の諸藩主に国家の公益を忠告し、世人に向て自由主義を教へたるも、尚ほ貴族の特権を是認したり。此論派は、専ら国富の増加を主眼としたるが故に、苟くも経済上に妨害あらずと信ずるときは、敢て権義道理の消長を問はざりき。此の点に於ては浅近なる実利的論派にして、毫も抽象的原則又は高尚の理想を有するあらず。要するに此の論派は、社交上の急進家にして、政治上の保守家と云ふべきのみ。
『空理を後にして実用を先にす』とは、国富論派の神髄なり。此の論派は、英国米国の学風より生出したりと雖ども、敢て学者の理論を標準として政治の事を説くものにあらず。彼れ実に日本の現状に応じて説を立て、政法上道理に合ふと否とを問はず、事情の許す限りは之を利用して実益を生ぜしむることを其の標準と為したるが如し。故に自由主義を取るとは云へ、必ずしも政府の干渉を攻撃せず、必らずしも藩閥の専制を排斥せず、道理よりは寧ろ利益を重ずること、此の論派の特色なりき。夫の『実力は道理を造る』と云ふビスマルク主義は、寧ろ此の論派の是認する所に係る。近く之を評すれば、政論社会の通人とも謂ふべき論派なり。当時世の才子達人を以て居るものは、皆な競ひて此の宗派の信徒と為りしが如し。

　国権論派とも称すべき他の一派は、欧洲大陸の学風を承けて発生したり。此の論派は敢て国富の必要を知らざるにあらざれども、其淵源は重もに近世の法理学に在るが故に、自ら権義の理を重んずるの傾きあり。吾輩は加藤弘之氏、箕作麟祥氏、津田真道氏を以て国権論派の巨擘と為すに躊躇せず。此論派は、其細目に於て一致を欠きたるや疑なしと雖も、近世の政治思想、即ち国家と云へるものの理想を抱き、主権単一の原則を奉じ、以て封建制の弊を認めたる点には異同なけん。彼れ等は固より自由平等の思想には乏しからず。然れども、国民として外邦に対交《(ママ)》せんには、先づ国権の組織を整理するの必要を説き、次に人民と政府との権義を講じて、法政の改良を促したり。加藤氏の『国体新論』、箕作氏の『万国政体論』の如き、津田氏の『拷問論』の如き、当時の日本人をして法政上の新思想を起さしめたるや少からず。夫の『国法汎論』、『仏蘭西法律書』の類は、『西洋事情』の如く俗間に行はれざるも、識者の間には一時大に繙読せられたり。(下略)

(明治二三、七『日本』所載「近時政論考」。『羯南文録』。『陸羯南全集』一)

●――陸羯南《くがかつなん》(本名実。安政四―明治四〇。一八五七―一九〇七)は、新聞『日本』を主宰して、日本主義を鼓吹し、雑誌『日本人』の政教社一派と脣歯輔車の関係にあった国士的ジャーナリストである。その代表的評論「近時政論考」は、明治初年から二十年代に至る日本の政治思潮を四期に分けて、的確な分類、解明を試みたものであるが、第一期の「国権論派及国富論派」の章中で、福澤を国富論派の代表として論じたのが、ここに採録した部分である。福澤を「政論社会の通人」とは、評し得て妙というべきであろう。

●――明治二、三十年代において、羯南の強硬な日本主義と厳しい政府批判的姿勢とが、福澤の洋学主義や官民調和論と相容れず、内政外交両面にわたって、『日本』と『時事新報』との所論が著しく対立したことは、両者の全集を読比べてゆけば明らかである。羯南の福澤観については、なお本書45・46参照。

19 福澤翁の修身要領

朝比奈知泉

慶應義塾に於ては、去月二十四日を以て修身要領発表の式を行ひ、文明日新の処世法として、二十九条を学生に頒示したり。其の叙言に依れば、福澤翁平素の実行に基き、塾中の某々が文案を立て、翁の閲覧を経たるものにして、固より翁が一家の私言として其の子弟に誨ふるものなれども、其の末項に於て、「吾党の男女は自ら此の要領を服膺するのみならず、広く之を社会一般に及ぼし」云々といふを見れば、其の目的は更に拡めて帝国臣民一般の心得とせんとするものに似たり。則ち精読を加へて之を評論するは亦無用に非ざるを信ず。

福澤翁の教育主義が、拝金宗其の他種々の批判を蒙りたるに拘らず、独立平等の点に於て精神の一貫せるは、世人の夙に認めたる所なり。而して修身要領は、専ら独立自尊の四字を骨子として綱目を立て、補ふに国家、国法、社会、人類、禽獣に対する心得を以てしたれば、大体に於て多く不可なるを見ざるのみならず、自ら其の趣旨の孤立独行的利己に存せざるを見るべきものあり。唯〻其の語りて詳ならざるあるに加へ、新に言を立てんとして稍〻反対の極端に趨り、我が現社会の実況と相容れざるを省ざるは頗る惜むべしとす。

蓋し翁が修身に関する根抵の病根は、「徳教は人文の進歩と共に変化するの約束にして、日新文明の社会には自ら其の社会に適するの教なきを得ず」とするに在り。信念に属すべき徳教を約束なりとするの奇言は姑く措き、徳教の文明と共に日新なるべしといふは、全く人類社会の歴史と相容れず。社会の変遷に従ひ、実践上多少の修改を要するは素より之あるべし。徳教の本質に至ては、国民の特性に淵源して自ら存立し、決して屢〻変更すべきに非ず。即ち要領に載せたる自殺の禁、夫婦の倫、復仇の禁の如きは、基督教国に於て千年不変の訓たり。其の他条項の多数、亦人類社会に在て決して屢〻変更せず、亦変更すべきに非ざるものたり。従て立案者が日新なりとしたるは、論孟に説く所と多少の異同あるをいふに過ぎず。而も其の異なる所は、我が現社会及び我が国民の特性と相合はざるもの多きを遺憾とす。

忠孝は我が国民の特性にして、不易の徳教たり。而して要領は、唯〻帝室を奉戴して其の恩徳を仰がざるべからずといふのみにて、我皇の為に務に服し我皇の為に身を致すを説かず。軍事に服するの義務を以て政府の保護に対するものとし（第二十二）、生命財産を賭するは敵国と戦ふ場合に限るが如く説き（第二十四）、歴代皇威皇徳の宣揚をいはずして、単に「吾々今代の人民は、先代前人より継承したる社会の文明福利を増進して、之を子孫後世に伝ふるの義務を尽さざるべからず」（第二十七）と説き去りたるが如き、固より語りて詳ならざるの弊にして、立案者には忠君の思想を存すること疑ふべからざるも、若し修身の要領茲に尽くといはば太だ粗漫と謂はざるべからず。

独立自尊を偏説したるの過として、殆ど孝の教訓を埋没し去りたるや、亦吾曹の頗る遺憾とする所なり。曰く「親子の愛は真純の親愛にして、之を傷けざるは一家幸福の基なり」（第十）、曰く「子女も亦独立自尊の人なれども、其の幼時に在ては父母之が教養の責に任ぜざるべからず」（第十一）。而して民法にすら規定せられたる父母に対する養料供給の義務に付てすら、何の誨ふる所あらず。孝養の教訓に至ては、殆ど全く闕けたり。其の意、蓋し親子真純の親愛なる一句は、此の教訓をも含むべしとするに在らんも、此の如きは語りて詳ならざるの最も甚しきものにして、只管独立自尊、他に依頼せざるを説きて孝道に及ばざれば、老親にして而も鰥寡たるものの如きに対しては、唯ゝ博愛の行為（第十九）に訴へて止むべしとする乎。是れ吾曹の首肯する能はざる所なり。

更に之を詳言すれば、祖先を奉じ家名を立つるの習慣、殆ど我が社会組織の要素たるに於て、養子の如き、後妻、後夫、継母、異父母兄弟姉妹の如き、其の存在は兎に角認めざるべからず。「其の父母の他に父母なく、其の子女の他に子女なし。親子の愛は真純の親愛にして」（第十）云々といふが如きは、社会を改造して後の理想的教訓としては或は可ならん。現に実子に非ずして実親と同じき恩愛を受けたるの子弟は、翁の門生中にも必ず多々あるべし。而して之を存する社会の現状には、要領のいふ所頗る適合を失したり。乃ち夫婦間の独立自尊の如き、一言の兄弟の友愛に説及ばざるが如き、現に妻養料供給の義務を夫に与へ、長子相続制を認めたる民法を必要とする我邦に於て、頗る社会の状態と相容れざるのみならず、往ゝ家庭を破壊して、孤児たる弟妹をして訴ふる所なからしむるの結果となるべし。

之を要するに、独立心を存すべし、女子を賤むべからず、禽獣を虐待すべからず、自他の権利を尊重すべし、復讐を謀るべからず、外人に対して自ら尊大にすべからず等は、修身要領が特に掲げたる条項中の最も著しきものとして吾曹の同意する所なるも、其の極端に趨りて、一夫一婦終身同室して、其子女の他に子女なしといふが如きは、如何なる社会にも行はるべからず、亦行はるるを要せず。顧ふに邪婬を戒め、妻女を蔑如すべからずと誨へんとして、語勢の茲に走りたるものなるべき歟。而して遜譲、柔貞、報恩、義勇難に赴く等、我が国民男女の特性として高尚誇るべき徳教を要領条項の外に置きたるは、亦独立自尊を偏説したるの弊たるを疑はず。

福澤翁及び同門諸氏は、固より明治二十三年十月三十日の勅語を記臆（憶）するの人なるべし。慶應義塾に於ては固より之が捧読を行ふを怠らざるべし。然るに今や修身要領を頒示するに於て、片言隻字の之に及ぶなきは、勿体なしとしたるがため乎、畏れ多しといふがため乎。凡そ帝国に行はるる一切の修身訓は、必ず此の勅語の衍義たるを疑はず。所謂修身要領なるもの、吾曹亦視て以て一箇の応用的解釈なりとするのみ。吾曹は此の如き応用的修身訓の、人文の進歩と共に多少の更改を加べきを認むるも、我国民の遵守すべき徳教の大本に至ては、所謂「之ヲ古今ニ通シテ謬ラス之ヲ中外ニ施シテ悖ラス」といふものたるを信ず。而して修身要領が、一句の之が遵守に言及するは、吾曹断じて其の失体を咎めざるを得ず。

（明治三三、三、四『東京日々新聞』。『朝比奈知泉文集』）

◉朝比奈《あさひな》知泉《ちせん》（号碌堂。文久二—昭和一四。一八六二—一九三九）は、明治二十年代から三十年

代にかけて、『東京日々新聞』を主宰した政治評論記者で、当時徳富蘇峰・陸羯南と並んで、三大記者と称せられた。福地桜痴が失脚して去って後の『東京日々』の政論は、知泉によって重きをなしたのである。但し彼は、『東京日々』の伝統を継承して、終始官僚体制擁護の筆を執り、民権主義、自由主義を攻撃すること頗る厳刻をきわめた。

福澤の晩年、明治三三年二月、慶應義塾が福澤主義の綱領をまとめた『修身要領』を発表するや、賛否両論がこもごも起って、ジャーナリズムの大きな話題となったが、知泉のこの論説は、その反対論の代表的な一つである。彼は、福澤の道徳観がわが国古来の国民道徳と合致せず、教育勅語の権威を害うものであることをいたく非難している。

●――彼は程なく「修身教育に対する暴論」（明治三三、五、一三。『朝比奈知泉文集』）を同じく『東京日々』に掲げて、再び福澤を非難した。それは当時文部省がはじめて国定の修身教科書の編纂を計画し、加藤弘之を委員長に、井上哲次郎・高嶺秀夫以下の専門学者・教育家等を委員にして発足したのを、『時事新報』が有害無用の事業なりと論じたので、それに対する反論である。（『時事新報』の記事は、福澤の意を受けて、石河幹明が執筆したもので、『福澤諭吉全集』第一六巻六〇七―九に載っている）。彼は、福澤の一派が常に文部省や帝国大学を商売敵視する風あるを陋とし、今回修身教科書編纂にケチを付けたのも同様の精神から出たものとする。

（上略）福澤翁の一派は、常に修身道徳の世と推移すべきを説く。然れども人の人たる所以の大道にして万古不易のもの、自ら其の間に存するを知らず。（中略）

吾曹は断定す。修身教育の準規は全国画一なるべし。（中略）而して我が帝国に在ては、幸に画一の訓、聖勅〔教育勅語〕に存し、各種の哲学主義、各様の宗教信条に超絶して、国民行為の準規たり。文部省が修身教科書を編纂するは、無論之に源本し、之を説明して、之を児童に課するに適当なる用書を得んとするのみ。之を以て政府が今更に天下の道徳を支配せんとする非望を企つるが如く妄言するは、修身要領の行はるるを妨げられんとするを憂慮するの私心に出でたりといふの外、殆ど評するの辞なきなり。（中略）福澤流の独立自尊、徒に矯激の弊を生ずるも、毫も士君子の徳風を長ずるに益なきを証して余りあるを信ず。

というのが大体の趣旨である。以上、『修身要領』ならびに福澤の修身観に対する知泉の非難は、表現に寛厳の差はあれ、次に掲げる井上哲次郎のそれとほぼ趣を同じくするものといえよう。

●――『修身要領』は、その発表当時、世上に賛否の論が喧しかった。本書には、知泉の反対論のほか、なお数篇の批判を採録したが、詳細については、石河幹明著『福澤諭吉伝』第四巻（三一四―二八）、『慶應義塾百年史』中巻（前。四七八―九四）等参照。

20 福澤翁の『修身要領』を評す

井上哲次郎

頃者《このごろ》福澤翁修身要領二十九個条を制定し、独立自尊を其主義となし、以て旧来の道徳を一変せむとす。意へらく道徳の事たる頗る重大にして、之を初に失すれば、終に拯ふべからざるに至ることなきを必し難し。乃ち爰に独立自尊が道徳主義として如何なる価値ありやを明にせむと欲す。

我邦の道徳、過去に於て服従の一方に偏せることは掩ふべからざるの事実なり。是れ固より儒教の影響に出づる多しと雖ども、亦人類の一たび経過せざるを得ざる階段なり。人文漸く進化して新局面の展開するに及びて、猶従来の偏頗なる服従主義を墨守するは固より可ならず。道徳も亦社会の他の状態と共に変革するを要す。此の秋に当りて、福澤翁独立自尊の説を唱へて、天下万衆と共に相率ゐて幸福に進まんとす。此挙真に可なり。雖然、独立自尊を以て唯一の主義となすは果して当を得たる者なるべきか。徳川時代の極端なる服従主義を矯行せんが為めに、独立自尊を唱ふるは或は可ならむ。然れども、しかく極端なる服従主義は今は存せず。然らば果して何を矯正せむとするか。只、忠孝の教は依然として国民教育の真髄なり、骨子なり。若し之を以て極端なる服従主義の存続に過ぎずとせば、翁が独立自尊を唱ふるの意、略〻那辺にありやを推知し得べからざるに非ず。

（中略）

独立自尊の主義も、批評的精神を以て之を迎ふれば何等の危険なきも、世人の多数は是非如何を考察せず、唯風潮の赴く所に従ひ附和雷同するの傾向あるが為めに、其過失を未萌に防ぐの用意なくばあらず。服従なき独立自尊は、之を下層に伝播すれば破壊的運動とならざるやも亦保し難し。之を西洋に徴するに、ルッソー氏の権利平等主義は、モンテスキー氏の自由主義とヴォルテール氏の懐疑主義とによりて助長せられて仏国人民を煽動し、終に Liberté, Legalité, Fratrité の呼声とならしめ、古今未曾有の大騒乱を惹起せり。言ふまでもなく大革命の原因に就きては種々あり、然れどもルソー氏等の学説が一大原因となりしは否定するを得ず。ルソー氏の権利平等説とは何ぞ、独立自尊主義の謂ひに非らずや。而して氏に於ては理想に過ぎざりし此主義を社会に実現せんとせる、是れ仏国大革命に非ずや。之に由りて見れば、服従なきの独立自尊主義は、社会の基礎を動乱せしむる者なるや明けし。教を立つる者、深く思を致さざるべからず。(中略)

独立自尊主義と聯関して大に考察すべき点は、道徳は果して変化する者なりや否やにあり。福澤翁は道徳は変化する者なりとし、古は服従主義なりしも、今日は独立自尊ならざるべからずといふ旨義を以て此修身要領を発表せられたるが如し。然れども、若し此道徳なる者が果して変化する者ならば、是れ実に由々しき大事なりと謂はざるべからず。そは、道徳変化すといふ結果は、所詮道徳なしといふことに帰着すべければなり。(中略)

吾人と雖ども、徹頭徹尾道徳は変化せざる者なりとする者に非ず。道徳に変化すべき部分あるは疑なし。例へば古代に於て奴隷売買を以て非行とせず、プラトーン氏の如きは之を当然なりとし、アリストテレース氏の如きは奴隷の為に戦争をなす不可なしと説き、基督の如きも是を非認せざりき。然るに今日に於ては、奴隷売買は人性に背く行為として非認せられたり。又復讐の如きも、封建時代にありては大に奨励せられたりしも、今日にては、国法に違背する行為となれり。又忠孝の如きは陸の東西に由りて大に其旨趣を異にし、殊に敬礼の法の如きに至りては実に千差万別にして、同一なる者は寧ろ稀なり。然れども、直ちに之に由て道徳は根柢までも変化する者なりと断ずるは、甚だしき謬見なり。道徳には差別的方面と平等的方面とあり。差別的方面は変化するも、平等的方面は変化することなし。その変化する部分のみを看て、一切道徳は変化する者なりと結論せば、上来論述したるが如く、道徳は畢竟なしといふに帰着し、又平等的方面のみを看て、道徳は変化せざる者なりと結論せば、迂潤にして変通を知らず、古の道徳を直ちに今日に実行せんなどいふ愚に陥ゐらざるを得ず。故に道徳には、変化すべき部分と変化すべからざる部分とあるなり。道徳の目的は、畢竟社会の福祉を増進するにあり。但其方法に至りては種々あるべし。古代にありては奴隷売買は社会の発達進歩に有益にして、今日に於ては有害なり。古代に於て之を是認せし心も、今日に於て之を非認する心も、社会の福祉を増進すといふ点に至りては寸毫も異なることなし。昔時復讐を奨励せしは、法律未だ整頓せず、警察未だ完備せず、為めに人を殺すの行為も、国家の力により て之を制裁すること難し。制裁寛なれば、人を殺す或は濫とならむ。人を殺す濫なるに至れば、到底社会の安寧を期し難し。是に於てか復讐を奨励すること必要なり。復讐を奨励して、人を殺したる者は到底復讐を免るる能はずといふ厳重なる責罰を与へて、殺人を濫にせざらしめし者なり。今日に於ては、法律整頓し、警察行届き、為めに復讐は却て社会に有害なり。古之を是とせるの心も、今日之を非とするの心も、社会の福祉を増進するに於ては一なり。故に道徳の目的は、古今に亘り東西に通じて常住不変の者なり。只之を実行する手段方法は、時勢と境遇とに由りて同じからざるのみ。故に道徳には変化すべき部分あるを知ると同時に、変化すべからざる部分あることを承認せざるべからず。(中略)

更に概括して之を評すれば、服従と独立とは、車の両輪の如く鳥の双翼の如く必然に両立すべく、決して偏廃すべからず。服従なき独立は危く、独立なき服従は卑屈なり。此の両者の調和を計らざるべからず。又道徳は単に変化するものと云ふ可らず。変化する部分と変化せざる部分とを合せ考へざる可らず。(中略)固より福澤翁老而益壮に、力を徳道発揚に尽すは大に賛成すべき事なれども、其の主義の一方に偏する嫌ひなきにあらざるを以て、之に関する見解を述べて、其の一派の反省を促がさんとするなり。

(明治三三、五『教育学術界』一の七。明治三三刊『学商福澤諭吉』附録)

◉――明治二十年代以来の帝大教授で、国家主義の官僚哲学者井上哲次郎《いのうえてつじろう》(号巽軒。安政二―昭和一九。一八五五―一九四四)の福澤論である。『修身要領』に対する世上の論議の多かった中にも、井上の批判は、筆者が当時文科大学長だったという身分上の権威も手伝って、最も世の注目をひいた。彼は教育勅語の絶対信奉者だったから、独立自尊主義に快くなかったのは当然である。

彼は本論とほぼ同時に、同じ趣旨を「道徳主義としての独立自尊」と題して、『太陽』(明治三三、五。

六の一〇）に執筆し、さらにそれを増訂して、「独立自尊主義の道徳を論ず」の題下に、『哲学雑誌』（明治三三、六。一六〇号）に掲載した。その中に、

翁（福澤）が修身要領中に忠孝の事を言はずして、単に独立自尊を説く処、分明に教育勅語と相背馳せり。其初めより教育勅語と相背馳するものあるを自覚して此に出でたること毫も疑なきなり。果して然らば、強ひて異説を標榜して勅語を蔑如するの嫌なきにあらず。

と言っている如きは、まさに前掲朝比奈知泉の所論と軌を一にする観があろう。要するに井上は、『修身要領』が、教育勅語の忠君愛国主義に忠実でないことと、道徳は時代によって変化するという福澤の根本思想とに対して、最も強く反撥したのである。

なお彼は、後年岩波講座『哲学』所収「明治哲学界の回顧」や、晩年の著『懐旧録』（昭和一八刊）などの中でも、福澤の思想を論じて、往年同様の批判を反復した。

福澤諭吉氏

21 高山樗牛

福澤諭吉氏の欧化主義は、近来の時事新報紙上に於て益ゝ其の極端に走れるを見る。蓋し日本中心主義の勃興に対して、知らず〳〵是の激励を致したるものか。是の翁が開国主義と欧化主義とは、三十年一日の如く、毫も時勢の推移に着目せず、維新草創の際に於て唱道の須要を見たりしもの、直ちに之を三十年後の今日に行はむと擬す。吾等は是の翁の末路に就て後世の批議を思へば、少しく気の毒の思ひ無きを得ず。

教育社会の自尊排外熱を排斥し、保守論の根拠を打破せむとするの意気や壮なり。然れども之れ現今学者の唱ふる日本中心主義の真相に対する誤解に本づく。且つ其の論旨浅薄頑迷、東西文明の比較の如きは、極めて皮相の観察のみ。其の自卑自賤、一に外来の勢力を崇拝するの口気は、慥に一部の論者が亡国論の痛罵を価するものなり。猥りに自ら高うして一に他を排するは、往時の国粋保存主義、もしくは皇学党の事のみ。今日は公明なる国民的自覚に本づきて、審《つまび》らかに東西文明の長短を商量すべきの時なり。己れを虚にして一意他に聴従するは小児の事のみ。福澤翁の意見は、偶ゝ従来の経歴によりて世間多少の注意を惹くと雖も、要するに時勢を知らざるの説のみ。吾等は是の翁、鬢辺幾根の白を加へてより、徒らに昔日の夢想を反復するのみなるを惜しむ。

(明治三〇、九『太陽』三の一七。『増補縮刷樗牛全集』四)

◉──明治三十年代初頭、雑誌『太陽』の主筆として、論壇の花形であった高山樗牛《たかやまちょぎゅう》(本名林次郎。明治四─三五。一八七一──一九〇二)の福澤観。彼は東大哲学科の出身で、井上哲次郎の門下に当る。日清戦争直後、国家至上的風潮の高揚した当時、彼は日本主義を標榜して論陣を張っていたから、福澤の洋学主義に真っ向から対立せざるを得なかったのは当然である。

22　高山樗牛

功利学普及の功罪（仮題）

維新の革命によりて、社会百般の制度は殆ど其の根蒂《こんたい》より破壊せられたれば、世はさながら餓ゑ渇（ママ）えたるものの如く、苟も是の欠陥に投じて新世紀に処するの道を示せるものは、最も熱心に歓び迎へたり。（中略）

　是の主義を輸入するの縁となりし事情はくさ〴〵あれども、朝《てう》にありては貴顕高官の人々欧米諸国を視察し、帰りて彼邦の文物の我れの比に非ざるを唱へしと、野にありては福澤諭古、中村正直（敬宇）などの諸学者が、私学を開きて盛んに洋学を世に拡めしとは、其最も直接の縁となりしならむか。就中福澤氏は、慶応年間より已に是の目的の為に今日まで是の年号の名を冠せる私塾を東京三田に開き、政治、道徳、風俗、習慣、一に西洋の功利学によりて子弟を訓へたるは、是の主義の拡張にはゆゆしき勢力なりき。其の所記の一二の例を挙げむに、我国人は古より天理人道を一定不変、万古動かざるものの如く思惟すれども、こはいみじき誤りなり。『忠臣二君に仕へ、甲州武士が徳川其他に仕へて働きたるも、また天理人道に戻りたるに非ず。年若き寡婦が落髪して尼寺に入り、亡夫の菩提を弔ふも天理人道なり。再縁して子を生み、よく其子を教育するも天理人道なり。今の世に兄弟同胞が夫婦とならば、天理人道に戻るならむと雖も、アダムとイブの子供等は誰と縁組したるや。また日本書紀に、仁徳天皇は八田の皇女を皇后とすとあり。然るに皇女は天皇の妹なり。今より思へば不思議なれども、其の時代には矢張り天理人道に基きし也』云々と説きて、本邦古来の固陋なる道徳を根本より覆へし、又「権論《ごんろん》」と云ふを説きて、『楠正成は我邦にて古今に双び無き忠臣の鑑と称せらるれども、湊川にて死なでもよきに死したるは、是れ権兵衛が褌《(ママ)》にて首をくくれると同じ事なり』と論じ、苟も事の実際に益なくば、其の行為毫も賞するに足らずとの意を述べたり。また世の人が空名に拘はりて実益を知らず、為す所概ね迂濶なりとて、『学校に石盤を用ひて数学には明なれども、店先の帳合には暗く、作文諳誦は上手なれども、手紙の文句は出来ず、窮理書は読みたれども、竃の築き様と流しの水はきには工夫を用ふるを知らず、化学の吟味は経たれども、甘酒の作り様と豆腐の製法は未だ之を聞かず。或は十二三の娘子が西洋流の学校に入り、又は西洋人の手に就き、西洋音の唄を習ひ、西洋風のメリヤスを組み、却て糠袋の縫ひ様も知らず。或は和漢洋の書を読みて、三十一字も少しは出来れども、人身窮理は忘却して自分の体の骨も知らず、風を引いて容体を述ぶることも知らず』云々と説き、従来の教育が実際の世事に疎遠なるを諷せり。福澤氏の是等の説は、今日より見れば何でも無き事なれども、維新草創の当時、廃れたりとは謂ひながら、古来の武士道、儒教、国学の教尚ほ人心に浸潤せりし際に於て、敢て斯かる説を唱道して、いささかも忌憚する所無き其の識見と胆勇とは、真に敬服すべきものなり。斯かる人ありて是の実益功利の学を呼号し、其の荊棘を披き置きたればこそ、爾来諸般の西洋文物の斯くは容易に入り来り得しなれ。想へば日本の新文明が是の『三田の先生』に負ふ所、如何ばかり大なりけむ。其説の往々《まま》奇矯にして、やや正径に遠ざかれるものも無きに非ざれども、病に応じて薬を与ふるの道としては、寧ろ其の眼識の明を称ふべきなり。「福澤全集」が明治の小歴史なりとの意も、是の辺りに存すべし。福澤氏の外に中村正直氏ありて、東京小石川に同人社と云へる私塾を開き、均しく西洋の功利主義に本づきて社会の教育に力《つと》め、英人スマイルス氏の諸著を訳して、「西国立志編」、「西洋品行論」などを公にせしは、福澤氏と共に其功没すべからざるものありき。されど其説は、福澤氏のかた遥に平民的、通俗的なりしが為に、社会の感化力に於ては、中村氏のかた遥に劣れりしは是非も無し。

（明治三二、四『太陽』四の九所載「明治思想の変遷」。『増補縮刷樗牛全集』四）

◉——樗牛が明治三十年間の思想史を大観して、まず劈頭に福澤の洋学輸入の功績をあげた条である。樗牛といえども、もとより福澤の歴史的役割を軽視することはできなかったが、彼の福澤観は、常に功利主義者という一点に尽きていた観がある。樗牛はこのあとの条で、自ら奉ずるいわゆる日本主義の現世主義と福澤流の功利主義との異同に論及して、

英吉利の功利論の（福澤らによって）歓迎せられたるも、そが我が国民性の現世主義と近ければなるべし。然れども日本主義の現世主義が、かの福澤氏一派の拝金宗抔と同日に論ずべきものに非ざることは、是の派の人の所論にて十分に世の誤解を弁ずるに足るべし。

と言い、福澤の功利主義の鼓吹が、後年三田派の拝金宗を馴致したことを諷する如き口吻を言外に示している。

なお、文中に引用された福澤の文章「忠臣二君に仕へ云々」は、『福澤文集』（明治一一刊）巻之二「天理人道」（全四、四五二）の条に見え、「権論」は、いうまでもなく『学問のすゝめ』七編の楠公権助論で

ある。また「学校に石盤を用ひて数学には明なれども云々」は、『福澤文集』巻之一「教育の事」（全四、四二三）の一節である。

23 高山樗牛

『修身要領』の功罪（仮題）

○板垣伯と福澤氏

人の伝ふるを聞く、板垣伯は自己の養成したる政党が今日の如く堕落せるを以て、深く悔恨せりと。吾人は問はむと欲す、福澤氏は三十年養成し来りたる所謂三田学風に対して、伯と同一の悔恨無きを得べき乎。

政治上の自由主義も、倫理上の功利論も、明治の初年に於ては慥に我が文明にとりて新しき福音なりき。唯〻之を三十三年の今日に施さむとす。柱《ことぢ》に膠するの痴に類せずや。三田学者の道徳の進化を説くや、甚だ力めたり。而かも自家道徳主義の三十年来画一単調なるを如何。

○三田翁の所謂道徳

福澤氏の所謂『修身要領』出でてより、是れに対する批難の声漸く高し。其の個人主義の極めて極端にして極めて幼稚なる、十八世紀の自然主義を反復して、而して自主独立と称するの突梯なる等は暫く言はず、道徳を解して処世の法と為すに至つては、吾人は福澤氏の道念の甚だ低きに驚かざるを得ず。

処世の法とは、世渡りの術に非ずや。道徳を以て世渡りの術と為さむか、世に阿り、時に循ひ、眼前尺寸を弥縫するを事とする便佞利巧の徒は、是れ即ち大道徳家と云ふべきに非ずや。道徳の大と深と高と、何処にある。福澤氏斯の主義を取りて子弟を教育すること三十年、所謂三田学風なるものの世に出でしことの偶然ならざるを認むる也。

然れども『修身要領』は、恐らくは一般世俗に向つて道徳の初歩を説きたるものに過ぎざるのみ。是れを以て道徳の根本主義と目するものは、恐らくは福澤氏の素志を知らざるものならむ乎。遮莫、今の世は世渡り術に長じたるもの多きに勝へず。若し真に哲人世を憂ふるものあらむか、世に教ふる所の道徳主義は、高大なる理想の上に、性格の修養、中心の陶冶を効《いた》すべきものならざるべからず。福澤氏の所謂『修身要領』は、寧ろ饜けるものに食を強ゆる也。吾人は其の結果の却て世の腐敗を助成するあらむを恐るる也。

（明治三三、五『太陽』六の六。『増補縮刷樗牛全集』五）

○『修身要領』の巡回演説

福澤翁の『修身要嶺』には感服し難き点あれども、是の要領二十九箇条が、福澤諭吉氏の性行を代表せる点は、実に感服の外無し。

今の世に理窟家はあれども、実行家は乏し。論語が孔子其人の性行なればこそ活ける力もあれ、ただの理窟としては誰にても言ひ得る事也。道徳の感化は其人にありて、其言にあらずとは、ここ等の道理を言へる也。

吾人は是の点より見て、所謂三田学風なるものが、人物養成の上に於て偉大なる効果を有せしとの、如何にも尤もなるを認むる也。『修身要領』は、道理上よりは余り褒めたるものに非ざれども、そが福澤氏其人の人物によりて代表せらるる上に於て、遊説などの場合に少からざる便宜あるべく、又実際感化力の大なるものあるべし。世には道理上より『修身要領』を否認する人はあれども、其れと反対の倫理説を性格の中に実現せる人物無し。斯かる人物無き間は、反対説の実際の効果は果して如何あるべき。頗る残念なる事共と謂ふべし。

されば、『修身要領』を否認せる人は、啻に其の言論に於てのみならず、其の人物に於ても是れを否認せざるべからず。

（明治三三、六『太陽』六の七。『増補縮刷樗牛全集』五）

◉——樗牛は概して福澤の西洋主義、功利主義に対して好意的でなかったので、『修身要領』の倫理的価値も高く評価していない。単に卑俗な処世の便法というような誤解さえあえてしている。しかしさすがに『修身要領』が、よかれあしかれ、福澤その人の人格の反映であり、単なる口頭禅ではないことを認めて、世の福澤反対論者の無力さに警告を与えたのである。

◉——明治三四年二月福澤が没した時、樗牛は翌々日の同月五日、ドイツ留学中の親友姉崎嘲風に送った書簡中に、福澤の死を惜しんで、

今日福澤翁の訃音が伝はつた。実に惜むべき一種の模型的人物であつた。伊藤圭介翁も過日逝かれ

た。古老の凋落は吾々の義務を大にする。(『増補縮刷樗牛全集』六、四二三)。
と記した。

◉——なお樗牛の福澤観については、拙著『福澤諭吉論考』所載「福澤諭吉と岡倉天心」七にも触れておいたので、参照を希望する。そこでは、古文化財保護に関する福澤の認識不足に対して、樗牛が加えた反論を紹介しておいた。

福澤氏の瘠我慢説

24 大町桂月

十年の昔、福澤諭吉氏は、瘠我慢の説といふ一篇を草し、勝、榎本二氏にのみ示して、世には公にせざりしが、其説近頃『日本人』『日本』『時事新報』などに現はれ出でぬ。下らぬ説なれども、明治の先覚者、門下生多く、信者も多き福澤雪池翁の言としては、我国体上、黙過するを得ず。

薩長は、幕府の禄を食みしものの仇敵也。苟くも骨ありて恥を知れる者は、仇敵の組織せる政府に同じく立つべからず。勝、榎本二氏が幕府有力の遺臣なるに、二十年の久しき、おめ〳〵と薩長人と共に政府の上に立ち、山野に肥遯する能はず。即ち瘠我慢を守る能はざりしは、幕府に対し、当時戦死の友に対し、又自から良心に顧みて、大に疚しかるべきにあらずや。これ福澤氏の瘠我慢説の大要也。一寸気が利きて居るやうなれど、実は国体を弁ぜず、大勢を解せざる愚論なるに過ぎず。

室鳩巣、曾て楠公を非難して、『孔明は三顧せられてはじめて起ちしに、楠公が一命直に起ちたるは、功名を求むるに急なるものなり』と云ひたるに、頼山陽世を隔てて、『支那は革命の国也。特に三国時代には定まれる君主なかりき。さればこそ、功名の野心なき孔明は急には起たざりしかど、我日本は皇室国家同時に起りたる国也。人民は一王の赤子也。人民たる者、たとひ勅命なきも、天子の急に赴かざるべからず。況んや勅命ありたるをや』と駁撃せしは、今より六、七十年前の事也。亦以て我国体を知るべし。南北朝の際に、南朝の遺臣にして北朝に事へし者あらんには、それは或は瘠我慢を守る能はざりし者なるべし。今日政友会の組織せる政府に、憲政本党の人があらば、そは破廉恥、無節の徒也。然れども、幕府倒れて、王政復古せる場合は、決して之と同様に見るべきに非ず。

大義、親を滅す。皇室に対しては、将軍も陪臣も、同じく臣民也。朝廷と幕府とは決して両立せるものに非ざりき。これ日本の国体也。徳川幕府、一朝其非を悟りて政権を朝廷にかへしまつりしは、これ皇国の臣民として至当なる事也。幕府の遺臣が出でて朝廷に事ふるは、これ忠良なる皇国の臣民也。つゆ非難すべき点なき也。

然るに、当年幕府にありし人々の其子孫等は曰く、『朝廷とは云ふものの、実際は薩が天子を挾んで私をいとなめる政府也』と。これ凡人には免れ難き邪推なれど、権利の勝者功労ある者に帰するは、至当の報酬也。薩長人士が多く政府の上に立ちしは自然の勢也。然れども行政上、三百年来の行きがかりもあり、天下の事、之を田舎武士にのみ委すべからず。而して雲井龍雄の如く謀叛を挙げむとせしは、これ国賊也。栗本鋤雲の如く野にかくれしは、これ無力也。無気力也。真に瘠我慢の何たるかを解し、骨あり、廉恥を知れる有力の士は、朝廷の上に立ちて、其権を分たざるを得ず。一つや二つの椅子を幕府の遺臣に分ちたるは、天下の人心を収攬せむとする策略に外ならずと云ふは、これ徒に彼を邪推して、我が真意を知らざるもの也。殊に海軍の事、阪（坂）本龍馬あらばともかく、高杉晋作あらばともかく、世に之を経験乏しき薩長武士に任かすべけんや。多年経験を積める勝海舟が海軍卿となり、榎本武揚が海軍中将となりしは、国家にとりても、外国に対しても、必ず然らざるを得ざること也。且つや勝伯は西郷南洲と肝胆相照し、其邪心なきを知り、談笑の間に江戸城を附して疑はず。英雄は英雄を知る。この間の消息、豈に雪池輩の俗物のよく解する所ならんや。

勝伯が将軍をして恭順の正路に就かしめたりし時、大に反対せし頑冥の徒多かりき。勝伯が官に就きし際にも、なほ之を非難したるもの多かりき。勝伯は為めに暗殺せられむとせしもの、其幾回なるを知らざりき。されど、これ薩長の心事未だ天下一般に明かならざりし当時にありては、なほ恕すべし。なんぞ図らん、二十年後の明治の聖代にありて、なほ勝伯の心を解せざる愚物あらむとは。嗚呼、雪池の如きは、竟にこれ前世紀のハイカラ党乎。国家よりも、皇室よりも、黄金が重く、大義名分よりも、一身の休戚が大切なりとするの徒、動もすれば愚言を弄して、世道を害し、人の子を賊せむとす。

（明治三四、二『太陽』七の二。大正五刊『十人十色名物男』）

●——高山樗牛のあとを受けて、一時『太陽』を主宰し、その後も大正年間にかけて青年の間に人気のあった大町桂月《おおまちけいげつ》（本名芳衛。明治二―大正一四。一八六九―一九二五）の論。桂月は純情愛すべき文士であったが、思想は忠君愛国、武士道一偏で、単純であり、その評論は主観的であった。この『瘠我慢の説』の批評も、国体主義一辺倒の思想をよく示している。福澤と肝胆相照らした一代の高士栗本鋤雲を、「無気力也」と評し去った如きも、あまりに皮相の感を免れぬであろう。同じく『瘠我慢の説』への反駁でも、徳富蘇峰のそれ（本書08）とは著しく論拠を異にしている。

福澤諭吉を弔す

25

大町桂月

病んで死に瀕せむとは夢にも知らず、福澤諭吉の瘦（瘠）我慢説を尤めしは、屍骨を鞭ちしに類せし乎。今や其訃音を聞く。一言の詞なきを得ず。諭吉は、君子に非ず、豪傑に非ず、されど一種の偉人也。（中略）

学者としての諭吉は如何なりしぞや。日本外史、靖献遺言、更に進んで四書五経が唯一の学問なりし時に、彼は洋学を学びぬ。短袴高履、腰に双龍を横へて、勤王よ攘夷よと呼号せし時に、彼は身を洋学に委ねぬ。彼は深邃なる学理を思索し、一家の新学説を考へ出すだけ頭脳を有せざりしかど、学問の幼稚なりし明治の初年にありては、洋学を伝ふるに足るだけの学力を有したりき。彼は常識の最も円満に発達したる人也。其大なる常識を以て、事理を判断し、社会を大観す。これ其適とする所、せまく一学一芸の奥壺を叩くは、彼の常識の許さざる所也。彼は学問のすぐれたる人に非ず、常識のすぐれたる人也。彼は一種の偉人なれども、天才的偉人にあらずして、常識的偉人也。而して彼の常識は、社会を警醒し、指導するに足りたりき。（中略）畢竟するに、彼の著書は、学者の著書と云はむよりは、寧ろ社会先覚者の著書と云ふべし。而して其著書、明治の半以前は、能く一世を風靡したりき。

教育者としての諭吉は如何なりしぞや。彼は国語国史の素養なくして、国体を解せず、漢学の造詣深からずして、儒教の長所をも解せざりしかど、ひと通り西洋の学問を解し、西洋事情を解し、殊に常識幾んど円満に発達して、一家の見識を有したりき。余の性情より云へば、彼の如き冷かなる人を喜ばず。されど、諭吉は人を教育して、偽善者を作らざりき。余は国体よりわり出されたる忠君愛国の説、儒教より出でたる仁義の説を唱ふる者を喜ばざるに非ず。然りと雖も、彼等の多くは偽善者也。口に仁義を唱ふれども、身には不仁不義を行ひ、忠君愛国の仮面を被りて、外面を飾り、体裁を粧ひ、人を欺けども、裏面には敗徳汚行充満し、心には涙なくして、目にのみ空涙をこぼし、言いよ〳〵美にして、行いよ〳〵非也。かくて教育せられたるもの、偽善者にあらざれば、則ち小慷慨家也、不平家也、浅薄なる厭世家也。社会の事業を建設せずして、破壊す。われ其弊害の多きに堪へざる也。諭吉の渇望せし所は、文明開化也。理想とせし人物は、社会有用の材也。彼は余り道徳を口にせざりき。されど全く道徳を度外視したるにあらず。晩年世に出しし修身要領、以て彼が道徳に関する意見を伺ふべし。彼は国体流義、儒教流義の道徳を説かむよりも、社会の知識を増し、富を増し、完全にして円満なる社会を作らむことを急務としたりき。

これ亦一種の見識たらずんばあらず。なまじつか国体流義、儒教流義より養はれて、偽善者、小慷慨家、小不平家となり、口にばかり立派なることを云ふ人を作らむよりは、実際に社会に立ち働く人を作らむことの益多きに如かず。諭吉は口の人よりは、手の人を作りたりき。(中略)十目の見る所、十指のゆびさす所、明治年間、第一の教育家は、諭吉にあらずして誰ぞや。

諭吉はまた操觚者としても世にすぐれたりき。著書に、新聞に、彼は多く筆を執りたりき。殊に彼は文章の大家也。其文章雄大に非ず、艶麗に非ず。されど平明にして趣味ある大文字也。才気縦横、意到り、筆随ひ、歩趨整斉、絶えて小細工の跡を見ず。字を平易にし、句を簡明にし、奇を弄せずして自から奇、巧を弄せずして自から巧、渾成にして玲瓏、彼の徒に字煉句烹、彫虫琢刻を事とする小文士の比に非ず。明治の文壇に、一種の文体を創めたり。亦偉なりと云はざるべけんや。而して、六十余年、野にありて、其人物の平民的なるが如く、其文章も亦平民的也。諭吉の人物文章能く相一致して、明治の社会を飾れり。(中略)

棺を蓋うて名定まるとかや。諭吉の人物は高しと云ふべからず。寧ろ俗物也。唯其れ俗物也、故に能く世俗に適切なる人材を養成せり。其主義を一貫して、終始渝らざりしは、諭吉を偉大ならしむる所以の一なるとともに、亦彼の欠点たらずんばあらず。文明輸入《(ママ)》は、大なる功労には相違なけれども、屋上屋を架し、下流益濁りて、終に西洋崇拝の弊に陥りしごとありき。諭吉其責なしと云ふべからず。而して主義を一貫せる諭吉は、猪の如く直進するのみにして、毫も顧みて弊害を除去すること能はざりき。一得一失は、何事にも免れざる所なれども、諭吉は非常の功労ありたると共に、亦多少の害毒を流したるものと断言せざるを得ず。明治の初より既に富といふことに注目し、爵位よりも、虚名よりも、金が第一と喝破し、個人を富まし、社会を富まさむとつとめたりしは、時務を知れるものと云ふべけれども、其弊黄金崇拝を醸し、銅臭社会に満ち、廉潔の風地を払ふに至りぬ。翁亦其責なしと云ふべからず。諭吉の常識は、幾んど円満に発達したりしかど、人は万能なる能はず、惜むらくは、国体の美を解せざりき。楠公の討死を、権助の縊死と罵りしが如き、一斑以て全豹を推すべし。正当なる独立自尊、もとより喜ぶべきことなれども、眼中国家なく、皇室なきに至りては、日本国民として、決して之を許すべからず。況んや社会教育の大任を双肩に担へるものに於てをや。

（中略）諭吉の如き人物に在りては、其一身の行為はさまで過失はなかるべけれども、其下流の凡人もしくは少年の士を誤りしこと幾何ぞや。嗚呼諭吉を弔うて及ばず。書して門下の人才を戒む。終りに臨みて、なほ一言せしめよ。諭吉はそれ広き平野の如き乎。高山もなく、大川もなし。金の出づる山あるにもあらねば、銀の出づる山あるにもあらず。一望茫々として余り趣味なきが如くなれども、畑ひろく、田もひろし。穀物野菜、ここに生熟するなり。而して肥料の異臭も、折々人の鼻を襲ふ也。

（明治三四、二『太陽』七の三。『福澤先生哀悼録』）

◉——前掲の文に次いで、翌月号の『太陽』に執筆したもの。桂月は自ら福澤を好まぬと称するほどだから、その著作を精読していたわけではないらしい。「眼中国家なく云々」の如きは明らかに誤解であり、「冷かなる人」と評したのも一面的に過ぎるであろう。樗牛も桂月も東大出身で、井上哲次郎とともに官学派を代表する評論家だったから、アンチ・福澤イズムの点で、その口気におのずから相通ずるものがあったのは争われない。元来当時の官学派（東大系）の間には、最高学府的エリート意識から、慶應義塾を軽蔑し、福澤の学問や思想を異端視、卑俗視する傾向を免れなかったようである。但し後年桂月は、自著『十人十色名物男』（大正五刊）にこの文を収める時は、わざわざ「偉人福澤諭吉翁」と改題し、文中の

「諭吉」をすべて「翁」と直している。後に幾らか福澤に対する評価を改めたのでもあろうか。

官学以外の大なる学校と云へば、何人も指を早稲田大学と慶應義塾とに屈するなるべし。慶應は福澤翁の学校にして、早稲田大学は大隈伯の経営する学校なり。大隈伯は大人物なり。福澤翁も亦大人物也。かかる大人物の校長といふことは、官私を通じて、絶えて他に其比を見ざる所なり。

福澤翁は、始めより教育家として立てり。上野に砲声轟き、鮮血迸るの日、同じ東京の地にありて、静に経済の書を講ぜりとの事也。当時にありては、大なる学者也。又大なる文章家也。学者としての福澤翁は、時代の進むと共に消滅すべけれども、文章家としての翁は、万古生命あり。啻に文章家としての生命あるのみならず、大文章家として日本の文章史上に異彩を放つ人也。翁は学者といふよりも、識者といふべきなり。実に文明の指導者にして、社会の木鐸たりき。明治の前半、人才を出せることは、官学よりも却つて私立の慶應の方が遥に多かりき。(中略)

大隈伯は、大政治家也。されど、外務大臣となりて失敗し、総理大臣となりて失敗し、朝に於ける政績は、とても伊藤公、山県公などに比較すべくもあらず。野にありても、進歩党の総理の地位もたもたれず、満腔の覇気、三寸の舌より迸り出でて、大演説家となり、大記者となり、大批評家となり、又大政治家となる。吾人が伯の長広舌を聞くを得るは、その野にあるのお蔭也。行ふ者は黙し、行ふを得ざる者はしやべる。古今同一轍なり。伯は行ふの点にありては第一流の政治家として遜色あれども、その代りに、雄弁の論客として、世界に鳴る。亦一代の人傑なる哉。早稲田の学校は伯を戴けるが為めに栄え、伯は、早稲田の学校を経営せるが為めに、大教育家として、世に推さる。伯は失敗せる政治家が、余力を以て、一面に教育家となりたる也。教育家としての素養あるには非ず。政治の批評が主にして、実業に及び、教育に及び、歴史にも及び、知識は古今内外に亙る。奥行はなけれども、幅はひろし。殊に伯、言を吐けば、壮快なり。獅子巌頭に吼ゆるもかくやと思はる。伯の立場は、どうしても、経世家也。人を教ふるといふよりも、寧ろ世を評するの点に於て、其特徴を見る。（中略）

今や、福澤翁は既に世に亡し。翁は、よく人を教へ、世を導きたり。その文万古に輝き、其言千代に生く。譬ふれば、海岸の灯台の如し。どんと烈しき音たてて人を驚かし、仰げば空中に火光燦爛たり。教育家としての大隈伯は、その百二十五歳と共に消ゆべし。伯の小なる者に至りては、これは線香煙火也。ぱつと光りて、ぱつと消ゆ。今の世、斯る人の多きに堪へず。

（大正五刊『十人十色名物男』）

◉――桂月は自分が文章家だけあって、福澤を文章家としての面で最も高く買っていた観がある。ここにもその一端がうかがわれよう。彼の『日本文章史』（明治四〇刊。帝国百科全書）の中にも、福澤を明治の大文章家と称えた一節がある。

27 新聞記者としての福澤諭吉翁

鳥谷部春汀

福澤諭吉翁の教育家たるは世既に定論あり。余も亦翁が教育に於ける成功の偉大なるを認む。然れども翁は新聞記者として寧ろ適当なる資質と伎倆とを有せり。故に最も善く翁の感化を受けたるものは、現に新聞社会に従事し、若くは一たび新聞記者と為れるもの多し。翁が明治年間に発表せる意見文章は概ね新聞的趣味を帯びざるなく、例へば『西洋事情』は海外通信にして、『時事小言』は好個の新聞論説なり。翁は時事新報を起すの前、既に新聞記者の思想を以て日本の文明を指導し、新聞記者の感情を以て三田の塾生を薫陶せり。翁は実に天生の大新聞記者なり。

○新聞記者に適当なる資質

新聞事業は江湖の事業なり。故に新聞記者は天爵を楽て布衣に安んずるの資質なかる可からず。竜動《ロンドン》タイムスの主筆は一市民のみ。然れども天下彼を称して無冠の王といひ、其名声反つて英国の大宰相を凌がんとするものあり。是れ実に新聞記者の天爵なり。福澤翁の如きも亦豈此資質を有せるに非ずや。

翁にして若し政府に入らんことを求めば、翁は夙に内閣大臣の位地を得るに於て容易なりしならむ。唯だ夫れ翁は官職を視ること敝屣《ついげき》の如く、其見識固より既に大臣以上に在り。故に一生無冠無爵の市民を以て江湖に独歩するのみ。学位は必しも官職と同じからず。而も翁は之れすらも尚ほ受くるを屑しとせずして、曾て大博士贈与の内命を峻拒せしに非ずや。新聞事業は俗なり。然れども記者の位置は神聖なり。故に人爵を小として天爵を楽むの資質なかる可からず。翁は此資質に於て殆ど天生の新聞記者なり。

新聞記者は一種族一社会を相手とせずして、天下を相手とす。故に眼中貴族なく、宰相なく、党派なく、常に独自一己の見識を持して、大自在の筆を行《や》らざる可からず。福澤翁は此点に於て亦群俗より高く、未だ曾て時事新報をして政府の御用紙たらしめたることなく、政党の機関たらしめたることなく、将た他の依頼を受けて筆を曲げしめたるを聞かず。故に独立不羈、唯だ翁の言はんとする所を放言して憚らず。其極往々奇矯無責任の論を出だして世を驚かすものあるに至る。是れ翁の短所にして又其長所なり。

夫れ独立の見識は、誘惑入り易き位地に於て最も必要なり。新聞記者は最も誘惑に見舞はるる位地に在り。故に最も独立の見識なかる可からず。福澤翁は満身独立の人物なり。口を開けば独立を語り、人に逢へば独立を説く。独立は翁の性命なり、翁の理想なり。是れ翁が新聞記者としての最好の資質ある所以なり。

○新聞記者に必要なる伎倆

新聞記者は時代の思想に先だつの見地あると共に、又之れを観察するの明あるを要す。福澤翁の立言は、常に滔々たる俗論の外に卓出し、往々人をして怪奇と為し迂遠と呼ばしむるものありと雖も、曾て哲学者の如く余りに飛び離れたる空想を語らずして、必至の趨勢（ママ）を迎合す。翁は斯くあるべしと予言するときは、斯くあらざる可からずと断案す。故に動もすれば極端に走りて、他の視聴を聳動すること甚だ大なるのみ。翁は官吏全勢の時に於て、金力勃興の説を唱ふ。而して今や漸く其験あり。翁は十年前既に支那分割の勢を警告す。而して今や漸く事実とならんとせり。近くは廿七年に逸早く日清開戦論を絶叫せし如き、最も近きは伊藤内閣の末路を察して、在野政治家の入閣を主張せし如き、皆以て翁の眼光炯々たるを示すに足る。

新聞記者は最もコンモンセンスに富み、且つ善く専門家の所説を咀嚼融会して、更らに之れを舗張発輝（ママ）するの頭脳あるを要す。翁は実に此頭脳を有する人物なり。故に艱渋勃窣《ぼつそう》なる科学的理論も、一たび翁の頭脳に映ずれば、忽ち消化して俚耳に入り易きの平話と為る。世間翁を称して万屋的学者といふ。新聞記者は万屋的学者ならざる可からず。思想膚浅なるも、智識該博ならざる可からず。一局に偏執せずして、全局を通見せざる可からず。翁の頭脳は則ち是れなり。

新聞記者は更に概括の力あるを要す。新聞紙は事実を資料とすればなり。又変通の才あるを要す。新聞紙は能く世と推移するを旨とす可ければなり。而して福澤翁は皆之れを有せり。則ち新聞記者たるの資格に於て、翁は殆ど円満なる典型なりと謂はざる可けんや。

○所謂る三田流の文章

福澤翁の文章は、時文の神品に非ず。荘重なるに於ては羯南の文調に及ばず、精刻なるに於ては碌堂の筆鋒に如かず。然れども宛転軽妙情理兼ね至りて遺憾なきに至ては、後進文士の遠く及ばざる所あり。世間或は翁の文章余りに通俗なるを病むものあり。然れども通俗の中に一脈の雋気《しゆんき》あり、淡々奇なきの間に詩味嫋々の姿態を帯ぶるは、是れ翁独特の妙所にして、市井の俗語を点化して、謂ふ可きの詩語たらしむる如き、決して尋常一様の筆力に非ず。竜動タイムスの文章も、通俗にして反つて趣味あり、英国時文の模範と称せらる。翁の文章の日本文壇に於ける位地は、其れ猶ほタイムスの文章の英国文壇に於ける位地の如き乎。翁の文章は所謂三田流の文体を成して、門下生の間に流行す。但だ翁の文章は、入り易くして学び難し。翁の文体を模擬して其の神髄を得ざれば、唯だチヨボクレ祭文と差別なきの悪文章を成すに過ぎず。是れ門下生の手に出でたる時事新報社説の、往々卒読に堪へざる所以なり。顧ふに方今一種の文体を作為して領地を文壇に開拓せしは、翁と徳富蘇峯なりとす。然れども蘇峯の文章は、入り易くして又学び易し。是れ最も書生間に歓迎せらるる所以にして、即ち翁の文章の学び難きに比し、尚ほ幼稚なる所を知る可し。

翁の文章を一見せば、匆々着筆一気呵成の趣あり。然れども仔細に熟読すれば、曲折あり、波瀾あり、巧詆《こうてい》あり、詼謔あり。而も用意極めて精緻にして、経営惨憺の迹見ゆるに似たり。唯だ接続詞を乱用するの弊あるを以て、読むもの其然るを覚えざるのみ。翁の文章は決して平淡一方の筆に非ず。之れを要するに翁の文章は、深奥なる学理を論述する学者の文体に非ずして、自然に新聞記者の文体なり。

○時事新報

時事新報は実に福澤翁の化身なり。新報の成功は、乃ち翁が新聞記者としての成功を示すものなり。世の所謂る大新聞といふもの、『日々』の如き、『日本』の如き、『毎日』の如き、『国民』の如きありと雖も、彼等は多く政治若くは文学に偏するのみならず、大抵一主義に拘泥するか、否らざれば一党派の機関として文壇に立つ。故に其記事論説亦多少の羈束あり、多少の限局あり。即ち或は書生に喜ばるるも、成年以上に得意少なく、或は善く政治社会に読まるれども、他の社会に歓迎せられざるの短あり。独り時事新報は然らず。書生を相手とせず、政治家を目的とせずして、中等社会を読者と為す。是れ新聞として最も勢力ある所以なり。時事新報を読むときは、其如何なる記事、如何なる論説に於ても、曾て少しも専門的臭味なきを感ず可し。政治を叙述するも、党派新聞の如く余りに政治的ならず。文学を記載するも、文学新聞の如く余りに文学的ならず。実業を報道するも、実業新聞の如く余りに実業的ならず。一に中等社会の好尚を標準として紙面の体裁に注意し、時に機警の新案を作りて新聞改革の先鋒となる如き、兎に角日本のタイムスたるに恥ぢざるものあり。亦以て福澤翁が新聞記者として人に優ぐるるの資質技倆あるを知る可し。

是れに由て之を観る、福澤翁は教育家たるより寧ろ新聞記者たるの運命を有す。翁の教育に従事するは、教育家たる理想主義あるが為ならずして、唯翁が子煩悩あるに由るのみ。故に教育は翁に於て一種の道楽なり。翁の天職に非ざるなり。

（明治二九、一〇『明治評論』五の一一。明治三一刊『明治人物評論』。『春汀全集』一）

◉――明治時代の最も卓れた人物評論家で、『太陽』などに多年各界の人物評を試みた鳥谷部《とやべ》春汀《しゅんてい》（本名銑太郎。慶応元―明治四一。一八六五―一九〇八）の福澤論。ジャーナリストとしての福澤の特質を解明してこれほど的確なものはないと思われる。

28 鳥谷部春汀

福澤諭吉翁

○時代の偉人

福澤諭吉翁漸く老いて、名も亦随つて国民に忘れられむとす。近時福翁百話なる一冊子出でて、枯木再び華さくと称せられ、尋で福澤全集刊行の挙ありて、諭吉翁親ら之れが緒言を作る。自画自賛の語多しと雖も、要するに是れ彼れが三十年間、日本の文明に於ける貢献の総勘定なり。顧ふに彼れが過去の歴史は、実に明治の時勢に密接の関係あり。但だ彼れは手を以て之れに関係せずして、言を以て之れに関係したるが故に、其功勲は維新三傑の如く赫々として人目を眩せずと雖も、其時代の思想を動かし社会の進歩を助けたるに至ては、維新の三傑と雖も亦及ぶ可からざるものあり。何ぞ況や伊藤博文侯をや、板垣退助伯をや。（中略）

看来れば彼れが過去の歴史は、別つて前後二期と為す可く、前期は福澤全集の時代にして、此時代に於ては、彼れは実に暗夜に木鐸を叩ける時勢の天使なりき。後期は福翁百話の時代にして、此時代に於ては、彼れは楽天の主義を宣伝する一個の説教師なり。以て彼れの人格を知る可く、以て彼れの思想を察す可し。故に余は此二書を基礎として彼れを観察す。亦可ならむ乎。

○福澤全集の時代

日本の開国を主張したるもの、何ぞ独り福澤諭吉翁のみならむや。蓋し佐久間象山、横井小楠の徒の如き、彼れより早く開国を主張したるもの固より少しとせず。然れども佐久間、横井等の開国論は、大抵外交上の問題に淵源し、随つて其議論多く政略に傾き、主として当局者を警戒するに止まり、曾て眼を国民の生活に着けて、国民的開国を行ふの見地を欠きたりき。将た欧洲文明の移植に志ありしもの、彼れと相前後して輩出したる、幾許といふを知らず。然れども此輩、概ね個人的修養を事として、国民全体の思想を感化せむと聉《つと》むることなかりき。要するに開国論者は、政治家として先見の明あれども、社会改革の眼識なく、他の文明移植家は、学者として先鞭の智あれども、国民指導の注意なく、其苦心経営唯だ己れを高くし、自ら啓発したるの外、直接に国民の生活、思想を一変するの動機とは為らざりき。

然るに福澤翁は、此輩と全く其着眼を異にせり。彼れは欧洲の文明を観察すると共に、直ちに之れを国民全体の問題と為して研究し、単に政治部面若くは学術部面に執着せずして、先づ国民の生活及び思想を欧化するの手段を取りたり。試みに福澤全集を一読せよ。其立言総べて之れ、粗笨雑駁なる随時の漫録にして、一も統系《(マヽ)》あり組織ある大著述と認む可きものなきに非ずや。故に彼れと同時代の人にして、彼れよりも深奥なる理論を語り、彼れよりも精確なる意見を発表したるもの止《た》だに一二のみならずと雖も、共に皆専門に僻して、国民全体の感化に力あることは何人も彼れに及ぶものあらじ。是れ彼れが時勢の天使として一代に独歩したる所以なり。

彼れは学者政治家を相手とせずして、一般の国民を教へむとせり。故に其注意も、亦滔々たる俗流に同じからざるものあるを見る。第一彼れは思想伝播の方便として、平易なる文章の創作に工夫し、例へば応有の材料を有合せの品と改め、此事を誤解したる罪なりといふの代りに、此事を心得違したる不行届なりと記する如き、少しく滑稽に類すと雖も、是れ彼れが国民を教へむとする熱心より来れる注意のみ。(中略)彼れの自白する所に拠れば、彼れは真宗蓮如上人の所謂る御文章を熟読して、之れに得たる所多きが如し。案ずるに彼は、其文章に於て蓮如上人の御文章を学びたるのみならず。其欧洲文明を俗解して、最も通俗に入り易からしめたるは、亦実に真宗開祖親鸞上人に私淑したるや、復た疑ふ可からず。是れ彼れが文明移植の成功偉大なること、猶ほ真宗の信仰界に於けるに同じき所以にして、其着眼の警抜なる、当時の俗流に卓出せるものありと謂ふ可し。(中略)然れども之れを要するに、彼れは通俗の文章を使用して、欧洲の文明を俗解し、以て最も凡俗に入り易き方便を施す。是れ仏家の所謂る小乗説教なり。其感化の偉大にして、善く時勢を動かすの力ありしは此れを以ての故のみ。

○福翁百話の時代

彼れは自ら福翁百話に序して曰く、開国四十年来、我文明は大に進歩したれども、文明の本意は単に有形の物に止らず、国民全体の智徳も亦これに伴ふて、無形の間に進歩し変化して、以て始めて立国の根本を堅固にするを得可しと。即ち福澤全集時代の以後に於ては、彼れは日本国民の精神的発達を目的として立言し、此立言は彼れが理想の発表にして、即ち彼れが大乗の教旨なるが故に、彼れの本領、性格は、実に福翁百話の時代に於て始めて明白に表顕せられたりと謂ふ可し。

顧ふに彼れは常識を本位として、天事人事を観察し、狭義の生活を主張して、自然の約束に服従し、独立を神聖とし、進歩を目的として、一定の信仰を有せず。一言にして評せば、彼れは楽天主義の人物にして、古へよりも今を尚び、歴史よりも現実を重しとするものなり。(中略)

然りと雖も彼の立言は、皆凡俗の平生触着し目撃する現実の状態にして、彼れは唯だ其状態を説明して、之れを精神的教育の本義と為したるのみ。是れ極めて危険の教義にして、其結果或は彼れの意表に出ることなしといふ可からず。何となれば、是非、善悪、利害、得失、紛々錯綜せる世界を、唯だ其儘に説明して、一個人生の憑拠す可き抽象的道理を示さざれば、人間終に思想の衝突を免かれざればなり。余固より彼れが常識の円満に発達して、善く天事人事の真相に徹底したるを認めざる能はず。唯だ夫礼善く天事人事の真相に徹底するの常識を有す。故に彼れは善く現実の状態に惑はずして、其為す可きを為し、為す可からざるを為さざるを得ると雖も、滔々たる凡俗は、決して彼れが如き円満の常識を有せず。故に為す可きと為す可からざるとの区域を意識すること、亦決して彼れが如く聡明なる能はざるを奈何。一例をいはむ乎、彼れは一方に於ては、貴賤貧富に苦楽するを人間の無知に帰しつつ、一方に於ては其無知に任して、飽くまで富貴を求め貧賤を避るの手段を用ゆ可しと説く如き是れなり。彼れの教義は大抵此類なり。是れ往々人の誤解を招く所以なり。

案ずるに人間には、現実の状態以外に、別に大なる意義を以て人間を指導するものなかる可からず。是れ哲学者の研究して止まらざる大問題なるに拘らず、彼れは毫も此意義を吾人に開示せざるは何ぞや。蓋し彼れは哲学者に非ず、又宗教家に非ずして、唯常識の立言家なればなり。故に彼れの教義は、之を大にして経世の範囲を出でず、之れを小にしては、生活を帰宿とし、此人生を解釈すること極めて狭隘なるものなり。彼れが後半期に於て日本国民を指導したるもの、唯だ此教義あるのみ。

○人物としての福澤翁

然れ共経世家としては余りに広く、学者としては余りに浅く、教育家としては余りに無主義なり。彼れは観察に富みて理想に乏しく、総合の能あつて分析の能力なく、適用の才あれどもも創造発見の才を欠く。蓋し彼れの頭脳甚だ直覚に敏にして、常に活動し、変化して止まず。一処に執着して沈思冥想するは、到底彼れの能くする所に非らざればなり。

彼れは斯くの如き人物なり。故に善く福澤全集時代の成功あり、福翁百話時代の立言あり。以て一代の風気を動かし、以て学者政治家の為す能はざるを為す。嗚呼、彼れも亦明治の偉人なるかな。

（明治三〇、一一『太陽』四の一。明治三一刊『明治人物評論』。『春汀全集』二）

◉――――福澤の著作生活を、『福澤全集』(幕末の著作から明治二六年刊『実業論』までを収める)の時代と、『福翁百話』の時代とに分けて論じているが、前者の時代を小乗説教の時代とし、後者に至って福澤の大乗的教育(彼の真の理想)がはじめて表顕されたとする見方は、あまりに機械的である。『福翁百話』は、冒頭数章の宇宙観を述べた部分以外は、おおむね従前の持論の反復、集約と見るべきものであろう。

29 竹越三叉

福澤先生

（上略）福澤先生の人民主義は、之を泰西の学問によりて初めて得たるか、之を先天性情に成たるか、将た或は之を其生育し遊学したる大阪市民独立自営の風尚に得たるか、余は之を知らず。然ども此三者交《こもご》も相合して、渠の主義を作りたりと云はば、寧ろ実に近かるべきか。（中略）斯の如くして渠は、明治の初年より二十四五年に至るまで、政治道徳を通じて思想界の中心なりき。余もまた先生の流風余韻を欽慕したる一人にして、少小郷曲にありて読書し、脳中ナポレオン、ワシントン等幾多の英雄を画くに方りて、先生は余が理想的人物の一人にして、一言を出せば天下の法となり、一文を草すれば万民に伝唱せらるること先生の如くんば、また以て足れりと信じたる事ありき。已にして明治十五年余歳十七、小石川の同人社より転じて慶應義塾に入るや、初めて余が宿昔理想の人を見て、平生の渇仰を医すことを得たり。已にして居ること二年、余先生に知られて時事新報社に入り、英文翻訳を助く。然ども此時彼れ官民調和論を唱へて、極力政府民間の争を調停せんと主張す。是れ当時にありては、実に老成憂国の論なりしならん。然れども余之を以て甚だ迂僻にして事を解せずとなし、政府民間の争激甚にして而して後天下の事初めて進歩変革あるを得べしとして、之に服せず。数万言の文章を作りて之を難じて、三田を去り、之より杳として消息を通ぜず。此頃よりして三田出身の徒、多く実業社会に入りて、余は文学政治を好み、彼等が多く宗教に頓着せざるに、余は基督教を尊信するがため、余は漸々三田派と遠ざかり、後には彼の徒、全く余を知らざるに至り、或は余を認めて同志社の一員とするものすらありき。已にして明治二十八年、先生歳六十一、門人親友相会して六十賀寿の莚を開く。余此時十年にしてまた初めて先生を見るや、渠、余を延きてまた時事新報社に入らしむ。然ども余胸中に理想の雑誌ありて、之を刊行せんと欲するが為め、久しからずして、渠を辞し去らんとするや、渠余が必敗を期し、苦諫最も勉む。然ども余遂に其の諭教を奉ぜざるや、即ち余に教へて曰く、暫らく実業社会に入りて財を作り、而して後ち他人を役して自家の機関雑誌を作るもまた晩からずと。余を以て某会社の社員に擬す。然ども余已に友人と約して万般の準備あるを云ふや、渠案を打つて大に怒る。然ども遂に其気を平にして曰く、足下、失敗せんこと必せり。失敗せば必らず余が許に帰り来れと。余渠が余を親愛するの深きに感激し、失敗せば必らず帰らんことを約して去る。然ども爾来、一身転蓬の如く、彼所に去り、此処に来り、遂に先生に対する宿約を果たす能はざりしは、今に於て遺憾禁ずべからざるを覚ゆ。

余が先生に対する関係は斯の如く短かかりしと雖も、余に於ける渠の感化は、絶大にして忘るべからざる印象を余が脳中に遺したり。是れ恐らくは余一人にあらず。其門弟子に対する感化の深且つ大なるは、渠の人と為りの特異なる所以にして、一時の人、見て以て渠の門弟子たるに似ずとする所の行為ある者すらも、何れの場合に於てか、其の感化を受けたる所以を示さざるはあらず。（中略）方今三田出身の徒を見るに、多く時務に通じ、衣食の計あり、自から見ること低からず、独立の志あり、自主の念強よく、盛んに社会に貢献するに足るべき日新の事業に従ふ。此点に於て渠の教育は、確かに其目的を達したりと云ふべし。若しそれ三田学派の流弊を指摘せば、即ち之れなきにあらず。然どもジスレーリ曰く、一の学派の短所と勢力のほどを知らんと欲せば、其末派の言行を見よと。余は其流弊を見て、先生の感化の大なるを知る。若しそれ文明史上に於ける其地位を比せんに、仏国のヴォルテールと相近く、一学派の祖師として其匹疇を求むれば、物徂徠と相近きか。社会上政治上に於ける勢力に於ては、徂徠固より先生に如かず。然れども其個人的感化の深き、其偏窟なる学究的学風を打破して新生命を呼び起したる、空疎なる学問を排して常識を重ずるの学問を起し、学問上に於て一新紀元を画したるの点に於て、相似たりと云はざるべからず。徂徠とヴォルテールの識見、地位、学風を想像して、而して後、実践躬行の君子フランクリンを聯想せば、略ぼ先生の人となりを彷彿するに足らんか。（中略）

先生、人生に於て黄金の勢力の多大なるを識認《（ママ）》せるが故に、黄金の軽んずべからざるを説きて、以て士人独立の基を立てしめんとす。是れ実は渠に初まりしものにあらず。黄金の重んずべきは、黄金の製出せられし以来、何人にも了解せられたるものなり。唯だ人、虚偽の文学と、虚偽の道徳のため、強て之を軽んずるの風を装ふたるのみ。渠に至りては、其虚偽の外飾を剥除して、其実を示めす。故に世人、過つて渠を以て黄金を偏愛して、黄金以外に目的なしとなして、之を漫罵するものありと雖も、実に誣妄の甚しきものなり。渠の重金説は、唯だ黄金を軽んずべからざると、之を利用して以て一世に貢献するに足る所の事業に用ひしめんことを教ゆるものにして、世の黄金を軽んずる者を責むると共に、黄金を貯へて世用を為さざる者は、渠が攻撃して余力を遺さざる所なりき。去る歳、政府の執権者某、渠に親近なる者を介して、其新聞紙を保護するに託して、渠の援助を得んことを乞ふや、渠、一言の下に叱して曰く、猿の如き徒輩に告げよ、余は福澤諭吉なりと。以て渠が黄金に溺るる者にあらざるを見るべき也。

渠の家門に至れば、子孫堂に満ち、和楽の気、洋々として溢るるが如し。之れを以て人其富の甚だ巨大ならんことを想像して訾衛（マヽ）の言ありと雖も、彼の福分は寧ろ清福にして、黄金は人の想像するほどに多からざる中に、日清の役に際して、身を群富豪に挺し、万金を出して軍費を助けしが如き、其善く積み善く散じたるを見るべきなり。此点に於て、渠は純乎たる米人なり。曰く黄金をして黄金の用を為さしめよと。（中略）

先生已に幕末の政変を避けて、明哲身を保つの道を守る。故に維新以後に至りても、勢、逐日政治に冷淡ならざるを得ず。且つ其学校より出でし壮年等、一時改進党に投じたる以来、三田派は即ち大隈派と認識せらるるを以て、不便少なからず。之に加ふるに、政論の時代漸く去つて、実業の時代稍々来るを以て、明治十六七年頃よりは、先生純《もつ》ぱら、諸生空論の気習を鎮圧して、商業貿易に向はしめんと欲したり。然れども渠が胸中の政治的熱気は、決して初より抑ゆべからずして、遂に全く朝鮮経略の上に澆《そそ》がれたり。実に朝鮮は渠が最初の政治的恋愛にして、また最後の政治的恋愛なりと云ふを得べし。之がために朝鮮学生を訓陶し、之が為めに朝鮮政府に周旋し、後藤伯を朝鮮内閣顧問として、絶大の変革を企てしめんとし、之がために、義和宮を以て秦政たらしめんとするの挙となり、之がために朝鮮亡命の徒を保護するの挙となる。余、渠が朝鮮亡命の志士を保護するの一事に関して、少しく参画する所あり。故に其亡命の志士を会するや、余、多く之に臨み、先生が彼等を鼓舞し、難詰し、試練し、教訓すること、恰かも三田の学生を訓陶するに異ならず。最も其力を用ゆるを見たり。

明治二十九年露国急に力を朝鮮京城に用ひ、露国党の跋扈を来すや、閔妃兇死の変あり、朝鮮王露国公使館に入る。先生、此変を聞くや、倉皇時事新報社に来り、善後の事を画し、遂に権栄鎮を招く。権は平壌附近の人にして、家門微寒、首として我軍隊に糧食を給するの一事によりて出身し、累進して日本党の内閣に於ける警視総監に至る。寒門に出るの故を以て逐竄者間にありては盛名なしと雖も、其理を解し、勢を見、事を企つるの材、最も用ゆべく、其才気の一点に於ては、金玉均以後其比を見ずと称せらる。権至るや、渠即ち自から権を説きて曰く、今日の事、到底日本の独力を以て韓国の事を了するの機にあらず。宜しく英国をして日本の党与たらしめざるべからず。然かも英国は自家の利害の感ぜられざる事に関与干渉する者にあらず。故に英国をして朝鮮に利害を感ぜしめざるべからず。是れ足下等の任なりと。権等即ち直ちに馳せて英国公使館に至りて訴て曰く、弊邦、国を挙げて命を日本に聴くと雖も、日本国歩艱難、力を朝鮮に用ゆるの暇なく、遂に我が皇帝をして露国公使館に入るに至らしむ。某等痛憤已む能はず、私かに日本の恃むべからざるを嘆ず。今後国を挙げて命を英国に聴かん。願くは一臂の力を振ふて、露国の暴横を制せよと。英国公使直ちに朝鮮志士の愁訴を取つて、之を我外務当局に伝達し、直接の効果を見るに及ばざりと雖も、此一事を見て、渠が如何に朝鮮問題に関して焦心したるかを見るべし。其後我政府、露国と協商して以て一時を済せんとするや、渠専ら之を賛し、山県侯が更らに協商の目的を以て露国に赴かんとするや、渠また語を山県侯に寄せて曰く、是れ実に東亜治乱の大局に関す。苟くも日露の間に平和あらしむるを得ば、全力を尽して賛同し、新聞紙の面目を犠牲としても之れを助けんと。其愛国憂時の心、耿々として已む能はざるもの、此の如くなりしなり。

先生身幹偉大、容貌魁岸、其衆人稠座の間に立ちて声を発するや、一大銅像の地より湧き出しが如きものあり。而して気力また旺盛、群英を凌ぐの概あり。自任極めて高く、眼中王侯を空うす。維新の初より後藤、伊藤、大隈、井上の諸老と徴逐し、明治十四年国会開設建白の時より伊藤井上の二老と疎濶、大隈伯とは永く相来往すと雖も、後藤伯の最も親密なるに如かざるが如くなりき。渠已に四老と其議論を上下す。故に自余の老官吏に至りては、白眼に之を見、彼等にして頓首して来れば、之を待つこと門弟子の如くなりと雖も、少しく其勲位を示さんとする者あるや、冷笑して容れず。人あり、某の会に渠の演説を乞ふや、之を諾す。已にして其儀式執行の順序を見るに、渠には唯だ君と書し、某の大官には閣下と書するや、先生頓に其演説者たるを辞す。曰く、学者を俟つこと官吏よりも低き会合に於て演説するは、学者の面目に関すと。渠多くの事に於て洒々落々たりと雖も、此等の事に関しては極めて厳粛にして、秋毫の怠慢あるを容るさず。殆んど片意地の如きものなりき。然ども渠の一生、実は意気地を万事に推し通したるものにして、所謂る独立自尊とは、男子の意気地の哲学的に粧飾せられたるものに外ならざるを知らずや。（中略）

先生の事を論ず（ママ）や傍若無人、事を行ふや大胆敢為なりと雖も、其事に処するや、細心、慎密、些些たる末事にすら心を用ひ、人をして其性質の複雑なるに驚かしむ。渠の著作若くは新聞紙のために文章を草するや、一字一句、苟くもせず。而して字を書するや、また排列整正を勉め、若し不用の文字を抹殺せざるべからざるに遇ふや、必らず十分に塗抹して、字形を存せざるを常とす。余、文字粗悪不整、且つ不用意のため、往々にして仮名文字を誤用するや、渠、一読過の後、必らず之を整正し、誤字を正さずんば已まず。而かも余の誤用遂に已まざるや、余がために古書店より仮名用格と題する古書を購ひ来るに至る。此等の事に至りては、殆んど習癖也。（中略）

先生は如何なる人ぞ。人民主義の大講義を初めては、御家大事主義の愛国説を打破したり。物質最極説を説へては、一世の迷信を打破したり。黄金貴重の説を唱ては、虚偽の軽金説を打破したり。常識主義を唱へては、偏狭固陋の徒を教誨したり。平民主義を唱へては、藩閥を警醒したり。国権論を唱へては、政党を警醒したり。独立自尊主義を唱へては、依頼卑屈の風尚を攻撃したり。科学工芸を奨励しては、人民日常の生活に幸福あらしめんとしたり。此点よりすれば、先生は実に欧洲主義の唱首たり。然ども、先生は純然たる日本人なりき。其脈管に縦横する日本武士の血液は、最も純精にして雑物なきものなりき。三十年間日本を教訓し、嚮導し、鼓舞し、独立自尊の旗幟を其死後数十百年にも樹てんとしたる先生は、実に「欧洲の文明に洗礼せられたる武士の意気地」を有したる日本人に外ならざるなり。然らば即ち先生は何者ぞ。世間の云ふが如く教育家なるか、或は然らん。或る者の信ずるが如く学者なるか、或は然らん。一種の人の信ずるが如く政治家なるか、或は然らん。文人の言ふが如く新聞記者なるか、或は然らん。然れども渠れは此等のものよりも多く、此等のものよりも大なり。ナポレオン始めてゲーテを見るや、傍人に語りて曰く、彼こそ真に人なりと。ゲーテまた退き人に告げて曰く、ナポレオンこそ真に人なりと。先生は日本人なりき。而して更らに人なりき。

嗚呼、今や先生亡し。其偉大にして尊敬すべき風采は再び見るべくもあらず。然れども欧洲文明の我生活に幸福を添ゆる所、近世主義が固陋の僻見に代はる所、上は政府より下は政党に至り、内は市府の縉紳より外は田野の長老に至るまで、健全にして穏和、進取の気力ありて、日新の智識の応用せらるる所、先生の流風遺韻は長へに存して、絶ゆるの期なからん。

（明治三五刊『萍聚絮散記』）

◉——明治から大正にかけての代表的史論家、評論家の一人竹越三叉《たけこしさんさ》（本名与三郎。慶応元—昭和二五。一八六五—一九五〇）が、福澤の死後に草した長編の福澤論で、彼の人物評論集『萍聚絮散記』に載っている。三叉は慶應義塾を出て、最初『時事新報』の記者となったが、福澤の官民調和論にあきたらず、程なく去って明治二三年徳富蘇峰の民友社に入り、『国民之友』『国民新聞』に健筆を揮った。しかし蘇峰と政見を異にして民友社を去り、二八年福澤に勧められて再び時事に入社したけれども、またもや半歳にしてこれを辞した。二九年西園寺公望らの援助を得て、自ら雑誌『世界之日本』を発刊し、世界主義を唱えて一時大いに評判を馳せたが、これも永くは続かず、三三年廃刊に至る。その後西園寺側近の知識人として政界にも活躍した。

三叉の福澤観は、彼の代表的名著の一つ『新日本史』(明治二四—五刊。明治文学全集『明治史論集』㈠所収)等にも散見するが、ここに採った「福澤先生」は、福澤の人物事業の鳥瞰論としてもまれに見る雄篇である。なかんずく三叉と福澤との関係を語った好文献であるのみならず、福澤の朝鮮問題に関する秘話を伝えた点では特に貴重なように思われる。石河幹明の『福澤諭吉伝』などにも、この秘話は載せていない。この一篇は長篇のため、ここにはその約半量を抜萃したが、以上の二点に関する記事はおおむね省略しなかった。

◉——福澤の朝鮮問題に関する秘話について、竹越は晩年の「国権論者としての福澤先生」という文章(昭和一〇刊『倦鳥求林集』所載)にも記しているが、その記事の方がさらに具体的である。まず

福澤先生の後の半は、殆ど朝鮮問題に全力を尽して居られる。後藤象次郎伯を朝鮮に送って大いに改革をせしめ様とした事は、誰も知って居る所であるが、朝鮮から来た留学生は、殆ど福澤先生及び学校を中心として集まったものである。是等が明治十七、八年の頃になって皆夫々働きをして、朝鮮の国政を変更せしめた人々である。私は当時一書生であったが、福澤先生が朝鮮の留学生を代る代る呼んで談話せられる時、傍に座って其話を聴いたり、又其留学生を世話する時、色々な御手伝ひをした事があって、深く先生の心事を諒解して居る。

と言い、ついで大要次のように書いている。

〈明治二十九年、朝鮮の李王がロシアに密使を送って、親書をロシア皇帝に呈し、ロシアの保護国たらんことを乞うて、自らロシア公使館に入り、ここを王宮とした。これを聞いて憤慨した福澤先生は、朝鮮独立党の亡命者四、五人を交詢社に呼び、「今日ロシアの勢力を朝鮮から駆逐するには、遺憾ながら日清戦争で国力の疲弊している日本だけの力では不可能で、日英協力でやらねばならぬ。英国を動かすには利を以て誘う必要があるから、政略上、諸君は英国公使館に駆込み訴えをせよ。そうして、日本はもはや頼むに足らぬから、是非英国の力を借りたいと言え。そうすれば、公使の報告を

聞き、利にさとい英国政府は、必ずや独力を以てせず、日本と協同して、朝鮮からロシアの勢力を駆逐する策に出るであろう」と語った。そこで亡命者たちは、その言に従って、英国公使館に訴えたところ、公使館は直ちにこの事を日本外務省に連絡して来たため、西園寺外相は私（竹越）を呼び、「この事件はおそらく福澤の入れ知恵に相違ないが、かかる策謀は外交上支障になるから、是非思い止まってもらいたい」という伝言を託されたので、私は福澤先生にその旨を伝達した。

その後、ロシア皇帝の戴冠式があって、日本からは山県有朋が祝賀の使節として渡露することになった。福澤先生はかねて山県を藩閥の中心人物として嫌っていたが、この時は時事新報主筆伊藤欽亮をして山県を訪問せしめ、この機会に朝鮮問題についてロシア政府との協商に成功するよう激励し、時事新報も全力をあげてそれを支持する旨を伝えしめた。かように朝鮮問題は、福澤先生の脳裡から一日も離れることはなかったのである〉。

●——因みに、日清戦争後、露国の勢力を牽制するために、日英同盟の必要を最も早く唱えたのは福澤である。二八年六月の『時事新報』に、「日本と英国との同盟」（全一五、二〇三—五）の一文を掲げてから、盛んにこの事を主張し続けた。日英同盟が成立したのは彼の没した翌年の三五年であるが、それを首唱したのは達見というに足りよう。

30 福澤先生の諸行無常

植村正久

世間の事物は次第に込み入りて、乱雑熱狂の時代とはなりにけり。国会の創始は政権争奪の端を開き、人は血眼になりて瑣小の懸引にも狂奔せり。商機熟して貿易の路通じたるは喜ばしきことなれど、財神に駆使せられて人の正体を失ひ、天賦の霊能徒らに土中に埋もれて、殺風景なる世の中となり行くこそ嘆はしけれ。斯くて労働問題も現れ来りぬ。所々にストライキも起れり。職工軍団なんど呼ばはるいかめしき名前のものも見ゆめり。形のために役せられ、利のために使はれて、胸中少しも余裕を存せず、齷齪《あくせく》として唯だ成敗のために人情を滅するに至らんとするは、蓋し今日の時勢に非ずや。

（中略）

今や斯の如き世の有様にて、その狂熱を救はんとして種々の方法を講ずるものあるは、此れ如何なる兆ぞ。吾等は之を以て天下の状勢、人心の自然が、漸く真正なる宗教を必要とするに至らんとするを知るなり。渇して泉を想ひ、熱極りて冷を慕ふは人情に非ずや。

福澤先生は当世の偉人なり。其眼光炬の如く、能く社会の実相を観破し、幾微を察して危険の在る所を知り、衆に先き立ちて時弊を救ふの方法を講ずるは先生の長技なり。吾等は其の所論が常に経済的の利巧方便にのみ流るるを見て、遺憾の念なきを得ずといへども、其の観察力の鋭利なると、其の用意の周到なるに驚くなり。先生が去る十二日慶應義塾に於てなせる演説の如きは、名利成敗の熱火に煩悶する世人に一服の清涼剤を与へんと試みたるものにて、其の所論浅薄なりといへども、人心の狂熱を救ふべき良法を求むるの必要を感ぜしむるに至りては、其の功また大いなりと云はざるべからず。福澤先生は自ら覚知せざるべし、浅薄なる読者も心付かざるべし。深く其演説を味ひ来れば、宗教の念欝として其の心胸を鼓動しつゝあるなり。冷然たる口調のうちに、霊界の事物に其心意を刺激せらるゝの跡明かに見るべし。其演説に曰く、

『生ある者は死せざるを得ず。人生朝露の如しとあれば、浮世の栄枯盛衰、禍福吉凶は唯是れ一時の夢にして、論ずるに足るものなしと雖も、既に現世に生れたる上は、其死に至るまで心身を労して経営する所なかる可らず。是亦人情世界に在る一生涯の義務なり。爰に老生が奇語を用れば、人間万事小児の戯と云ふも不可なきが如し。戯と知りながら其戯を本気に勉め、戯の間に喜怒哀楽して死するのみ。深き意味あるに非ず。今日生きて眠食するも戯にして、明日病んで死するも戯なれば、死生も意に介するに足らざれども、尚ほ其生を欲して死を悪むは人情の本来にして、夢の如き戯を本気に勉むる者と云ふ可し。左れば戯ながらも既に之を本気に勉めて真面目に経営す可しとあれば、戯にして戯に非ず。字面穏ならざるが如くなれども、心を潜めて深く思案し、真に其戯たるを知るにあらざれば、大事に臨んで方向を誤り、由なきことに狼狽して人品を卑くし、万物の霊たる位を失ふことある可し。（中略）

人間万事戯と申しながら、其局に当れば之に熱心して辛苦勉強す可きは当然の義務にして、事と

品とに由りては生命を犠牲に供することさへありと雖も、其熱情の往来する間に、時として心事を一転して、人生に常なきの原則を思出し、吾身も正に是れ浮世の百戯中に居て、人と共に一時の戯を戯るる者なりとのことを悟り得たらんには、其熱するも唯熱に止まりて、狂するに至らず。名利の心をして法外に逸せしむることなきのみならず、仮令事情に迫りて家を亡ぼし身を殺すに至るも、自から安んずる所ある可し。之を名けて人間安心の法と云ふ。（下略）』と。

ああ先生は、人間万事夢の如し、小児の戯れに異ならずと大悟せらる。然れども戯れながらも之を本気に勉むるは人情の免れざる所なれば、之に執着拘泥せざる様心懸くべし。此の精神を養はんがためには、生者必滅、人生朝露の真相を観ぜざるべからず。此れ福澤先生の福音なり。此れ真正の福音なるか。日本は此の預言者に導かれて真個の楽地に達するを得べきか。

狂熱の時代、之を憂ひて安心を求むるの時代は、終に儼然たる信仰の時代となるか、諧謔嘲罵の風行はれてただ現在をのみ楽む軽薄の時代となるか、二者其の一に帰せざるべからず。日本は今将に何れの方向を取りつつあるか。悟か、狂か、上に向はんか、下に落ちんか。思うて此に至れば、心事言ふに忍びざるものあり。ああ、皇天此の国民を救ひ給へ。

（明治二五、一一、一五『日本評論』。『植村全集』七）

◉――明治キリスト教界の偉材植村正久《うえむらまさひさ》（安政四―大正一四。一八五七―一九二五）が、福澤の人生観を評したもの。植村は弱冠のころ、福澤がその著『時事小言』（明治一四刊）の中でキリスト教を排斥したのに反対して、『六合雑誌』二六号（明治一五、八）に、「基督教拒絶す可らず」の一文を掲げ、信教の自由を論じた。（佐波亘著『植村正久と其の時代』第二巻、三六五—八参照）。爾来彼は、福澤の宗教観にはあきたらなかったのである。

この福澤の演説は、明治二五年一一月一二日に慶應義塾で行われたもので、『時事新報』に掲載された。（全一三、五七二—五）。この「人間万事小児の戯」という福澤晩年の思想は、この時代からきざして、早くも植村によって、ここにその宗教的不徹底さが暗に指摘されたが、この思想は、後に『福翁百話』に至っていよいよ顕著となる。この『福翁百話』中の所論については、後に掲げる如く、綱島梁川の批判（本書40）が注目される。

31　福澤先生の感化とその安心法

植村正久

客臘の事なり。慶應義塾の教員にて浦田義雄といふ人、病んで広尾病院に死す。その友人菅《すが》学応なる人が、大晦の時事新報において、その臨終の模様を伝ふるを見るに、趣味甚だ深く、人をして感動し覚醒するところあらしむるなり。

読んで先づ感心するは、福澤翁と慶應義塾出身者との師弟の情誼いかにも濃やかに、またその同輩の友情のいかにも温かなることなり。死する前六日、菅氏の見舞ひに行きし時、病人語つて曰く、余は不肖にして何事も福澤先生に及ばず。しかうして先生二十七歳の頃には既に鉄砲洲にて洋学の塾を開き居りしに、余は今年二十七歳をもつて世を去らざるを得ず。年齢においてまで先生に及ばざるこそ遺憾なれと。また曰く、余はしばしば君の許に遊べり。これ君が最も福澤先生を解し居るに由り、手本を見んとてなりしなり。しかうして君と余との間には似寄りしもの三つあるがごとし。酒を飲まず、煙草を吸はず、品行を破らぬことこれなりと。その翌日、菅氏福澤翁に召されし序このことを翁に語りけるに、翁は、そは可哀相なることなり、病院を訪はんと思へども、病後の身は瀕死の人を観るに忍びず、このゆゑに乞ふ、わが代りとして、これを伝へよとて、その著『福翁自伝』中に在る一詩、

一点寒鐘声遠伝　　半輪明月影猶鮮

草鞋竹策侵秋暁　歩自三光渡古川

を自書し、これに印を押さしめて菅氏に交付せり。この詩は、翁が浦田氏らを携へ、秋暁三光町辺より古川辺を散歩せし時作りしものなりと言ふ。病人はこれを受けて喜ぶこと一方ならず、目に涙を浮かべて、有難い有難い、私はもう何も遺憾がないと言ひて、その書を床の間に掛けしめ、更に再三読下したり。死する前日また菅氏に乞うて曰く、余が死後は兄《けい》をもつて塾員となし、もつてわが志を継がしめよ。余は百円の寄附を約束せしも、未だ八円の外寄附せず。兄をして残額を出ださしめんためなり。かつ学力等も、兄は余に比して遥かに優れり。兄は義塾出身者ならざるも、福澤先生を敬慕し、既に交詢社員ともなり居れば、乞ふこれを許されよと。

彼は実に福澤翁に対して非常に深き敬服の念を抱き、これを愛慕してやまざりしなり。慶應義塾出身のもの幾人あるか知らねど、かかる人の多く在るを見ても、我らは福澤翁の人物大いなるを思はずんばあらず。ただその人物がかく多くの弟子を感化し、またこれをして敬仰せしむるのみならず、福澤翁の思想は、また実にその門弟に至深なる感化を印し居れるなり。浦田氏また菅氏に語れる中に曰く、福翁百話の文章に、人間万事児戯のごとしといひ、或いは常に物の極端を考へて居れと言ひ、或いは戯れ去り戯れ来たるなど言ふ語あり。これらの語は、今生死の境に在る余に取りていかばかりの力となれるぞや。余はかく危篤なるも、更に心に迷ふことなし。折々滑稽をまで口にするを得るは、皆先生の賜物なりと。また曰く、『福翁百話』は実に善き書なり。人間世界の事はこれに網羅されたりと言ふべし。これを咀嚼せば、世を渡るに不自由あることなし。余は平生これを熟読玩味し、わが頭脳に判然印さるるに至りたれば、今は枕辺に置くの要もなきなりと。最後に身体の苦痛を訴へしとき、一友人は「ゴット」君を守り居れば大丈夫なりと言ひしに、彼はゴトゴト言ひたまふなと洒落《しやれ》、一時間ほど経て死去せり。彼は実に福澤翁の思想に化せられ、『福翁百話』をそのバイブルとし、人生は「真面目です。ゆゑに我々は今日今日を大切と思ひ、一生懸命にやらなければなりません」とて、この世を人生の最始最終と信じ、この世を円満に送るを人生の目的となし、これをもつて安心し、自ら言ふところの迷ひなく過ごしたるなり。

（中略）余輩は福澤翁をヴォルテールに擬するものにあらずといへども、その安心を説く法においては、五十歩百歩の見《けん》たるを免れざるべきを思ふ。ともかくもかかる敬仰者を有し、有形界に精神界にかかる深き感化を有する福澤翁は、確かに明治の一大人物たるを失はざるべし。

（明治三三、一、一〇『福音新報』。『植村正久著作集』二）

◉――植村は、福澤の宗教観の不徹底な一事だけにはあきたらなかったが、その他の人格については非常に尊敬の念を抱いた人であった。ここでも教育者としての感化力の偉大さを賛嘆している。（この抄録は近年刊行の『植村正久著作集』によったので、原文より仮名が多くなっている）。

因みに、菅学応は真言宗の僧侶であるが、福澤を慕って慶應義塾に入り、明治二七年卒業、後に塾で教鞭を執った人である。文中に、「兄は義塾出身者ならざるも云々」とあるのはいぶかしい。

◉――これよりさき、植村は、明治二三年六月の『日本評論』（四号）にも、「福澤諭吉氏」という短篇を草して、その結論に、余輩は福澤氏をもつて平民の誉れを維持するものと思考す。余輩は翁が「ヴォルテール」一流の言行に感服せず。翁が社会観、経済観に感服する能はずといへども、その長所は短所を償ひてなほ余りありと信ずるなり。（植村正久著作集二）。

と評した。また明治三一年秋、福澤が脳溢血の初度の発病で意識不明に陥った時には、『福音新報』（明治三一、一〇、七）に、「福澤諭吉氏」の一文を載せて、その病を気づかい、

先生の晩年は、月漸く傾きてその金色更に燦爛たるがごとく、その偉観いよいよ優り行くを覚ゆ。偉人甚だ少なき日本国は、先生の健在を要すること切なり。余輩は福澤氏一家の憂悶に同情を表し、先生が一日も早く健康に復せられんことを祈る。（同）。

と言っている。そのほかにも植村は、福澤の人物に言及した場合が少なくない。キリスト教徒で、彼ほど心から福澤に敬愛の情を示した人は珍しいのではあるまいか。特に、次に掲げる福澤の死を弔した長篇は、傑出した福澤論というべきである。

福澤先生を弔す

32　植村正久

福音新報が常に日本の大平民として尊敬する福澤先生遂に逝きぬ。是国民の一大不幸なり。日本は其の誇称するに足るべき一つの名物を失へり。然れども先生が生前に計画せる事業多く成就して、文明の進歩、社会の発進に寄与貢献せし所、甚だ偉大にして、明治の歴史に其の痕跡顕著なるは、聊か其の死を惜む者の慰めとなすに足るべし。

中津藩の下級士族たりし経験は、先生をして深く門閥、階級の弊を感ぜしめたり。時としては之が為に無念骨髄に徹するの思ひを為せし少壮時代に於ける先生の面影は、福翁自伝を読む者の熟知する所ならん。斯の如き境遇に処する多くの人々は、此の際其の反撥力を爵禄、位置の一点に傾注し、自ら顕栄の地に昇りて、会稽の恥辱を雪がんと欲す。先生は然らず、却つて人爵を蔑視し、上位に立つて下を凌辱するの愚を嘲ひ、殆んど之を児戯に類するものの如く見倣して、超然独立し、侠骨稜々、不羈自由の行路を開拓し、永く平民の冠見となるを得たり。

先生は尚ほ藩に在りしとき、藩主より所謂御紋服を拝領せしことあり。当時の士大夫が大いなる光栄として意気揚々之を携へ帰りて其の家人に誇るを常となせるに反し、帰途友人の家に立ち寄り、此の貴重なる藩主定紋附きの羽織を一両三分に売りて酒を飲み、蘭書を買ふの資に充《あ》てたりといふ。

其の一生を貫ける精神、長所短所ともに此に現はれたり。其の著書五十部、百五十冊の多きに達す。中に就き『西洋事情』の如き、初編のみにて十五万部、偽版を合すれば二十五万部に上り、『学問のすゝめ』十七編、合せて三百四万《(ママ)》冊の多きに至れり。先生は斯の如く大いなる著述家にてありしかど、未だ一度も他人の序跋を求めしことなし。其の著書も、著者の如く自立独行、己が価値に依りてのみ成功を期せしなり。先生の行径概ね斯の如し。豪放なる此の平民も、一度びは殿様と呼ばるる地位に至りしことあり。彼が所謂翻訳の職人として幕府に雇はれ、一年百俵の扶持を賜りて下級旗本の末班に列せしとき、一日福地源一郎氏之を訪問して、取次の下婢に、殿様は御在宿なるやと尋ねしに、下婢は不当なる面持ちをなし、左様なる人は此所に在らずと答へたり。蓋し小禄にても是程の地位に上れば、殿様呼はりを為すが当時の常習にてありしかど、福澤氏の家にては斯ることを一切厳禁せし有様なりしとは、先生の自ら語れる所にて、面白き佳話なり。

藩中に在りても平民的なり。幕府に仕へても平民的なり。明治の世界にも平民として自立せり。其の独立自尊の主義は、慶應義塾の修身要領発布と共に始まりしものに非ず。先生は独立自尊を以て出身せしものなり。其の生涯は此の主義を貫徹せんことを期し、少くとも正直に其の実践躬行を図りたるものなり。

先生は自ら政局に当ることを好まず。自ら権力を握りて政治の実務を執るが如き、毛頭其の志にあらざりしなり。此は彼が自伝に於て審かに語るところ、其の茲に至りし由来を説くの一段、興味甚だ深し。大臣となるも意のままなるべしと雖も、之を取らずして、終始野に立つて政治の批評家、社会の教導者、後進の師を以て自ら任じたるは、吾人の多とする所なり。藩に在りても権力を政治上に得んと努めしことなく、幕府に在りても敢て実際的政治に関係せず、明治の世となりても政争の外に超然たり。余輩は府県会の始めて設けらるるに当り、先生が芝区より選出せられたるを、再三固辞して就任せられざりしため、一場の物議沸騰せしを記憶す。其の実際的政治に於ける、凡て斯の如し。然れども国民新聞記者の言へる如く、彼は『決して安楽椅子に沈吟するの人にあらず、常に当世に触着し、之に対して経綸湧くが如くありき。明治の政史、氏が経営措画の痕跡を認むべきもの』少からざるべし。福澤先生はゲーテ、カント、及びレッシングの輩が、国事に冷淡にして、文学に吟嘯し、思弁に一生を経過せし如くならず、国事は其の最も熱中せしところにて、其の心胸は国家及び社会と活ける関係を有せり。然れども之に離れたるが如く、又離れざるが如く見ゆる地位に立つて、社会を批評し、政治を論議せしが為、先生の勢力を発揮すること却つて多く、其の実際に国民を益せしこと幾何なるを知る可らず。国家を益せんと欲するの志士、多くは議院の席と内閣の椅子とを希望す。先生は政争に加はることなく、政界の実務に当らず、顕要の地位に就かずと躬行の実物教育にて教示せられたり。先生の一生は処士横議の弁護なり。其の五十部の著書、『民間雑誌』の発行より『時事新報』の成立と拡張とに至るまで、皆批評家の貴重すべきを証明するも、政治のためには勿論、凡て国家経綸の上に於て、大いに為すを得べきの余地綽々たるを、自家のなり。世界は政治的職人をのみ貴ぶべきにあらず。直接其の実務に関係せざる論客、思想家、また大いに之に与かることあるを得べし。政党員、官吏、名誉職、実業家たらんとするにのみ熱衷する社会は、此等の外にも大いなる事業あるを学ばざる可らず。福澤先生の一生は、此の点に於いて国民の一大教育ならんと信ず。

奇警なる二六新聞記者は、福澤先生を弔するに、『彼は戦闘者なり』との語を以てせり。選択面白く当を得たる此の語は、善く先生の一生を写すに足る。『瘠我慢』の著者、一面に於て西郷隆盛の弁護者、爵位階級の破壊者、一時凡ての官立学校をば圧倒せる私塾の創立者、独立自尊主義の唱導者、正成の死を権助の死と罵倒せる批評家、儒教主義を忌み嫌ひて、根底より（其の所謂根底にて、余輩の尚ほ浅しとする所）日本の道徳を改革せんと志し、夙に文明流の倫理を講じ、晩年に至り、慨然として修身要領の伝道者たりし福澤先生は、実に戦の人にてありき。彼は屢々創開的の位置に立ちて、世に新たなる運動を為せるを以て、勢ひ戦闘に従事せざるを得ざりしなり。其の平和の戦争は、血を雨《ふ》らす形体上の戦争よりも、屢々猛烈なる観を呈せり。先生は花々しく戦闘せり。古への武人は畳の上に死することを恥とせり。先生の如きは、死に至るまで戦に従事し、鞍の上に死したるなり。其の旺盛なる気魄は、之をして隠居的の安息を貪らしむるを許さず、老境愈々雄心勃々たるを見たり。福澤先生は宗教家に非ず。然れども宗教以外の意味に於て、彼は多くの偶像を破壊せり。維新の際、浪人が尊氏の木像を馘りて、改革の吶喊を為せる如く、先生の手に種々の偶像粉砕せられて、日本文明の進歩は著しく其の速力を加へたり。保守的の眠りを貪らんとする社会に、此の勇壮なる戦闘者を失ふ、豈に憮然として長嘆せざるを得んや。

記者曾て（明治十年）、当時文壇の老将たりし福地源一郎氏が、同人社の文学会に福澤氏の文章を批評し、其の著書に散見せる飴屋おこしを売る者にても云々の如き類の語を捉へ来りて、之を諷刺的に冷罵せるを聞きぬ。然れども其の際に就いて之を見るに、平家物語、太平記等に心酔せる文学の大家福地氏の著作、其の功績頗る大なりと雖も、とても氏が嘲罵せる先生が自家創開の文章に及ぶべくもあらず。其の流暢にして紆余曲折、言はんと欲する所を尽し、凡ての読者に意義明亮ならしむる『あらんかなれども』の文体は、一種の妙味を備へ、近代に於ける文学上の一大成功と謂はざる可らず。先生の著書、後世に存すべきものなからん。或は存するものありとせば、『福翁自伝』の類に止らんか。然れども其の社会に及ぼせる勢力の大いなると、一種の文体を創始せるとに至りては、之をして厳然たる一大文学者たらしむるに足るべし。

先生の文章及び教育、すべて造詣深しと謂ふ可らず。動もすれば浅薄なりとの非難を免る可らず。国民記者が之を評して、『欧米文明の初等教育を授けたるもの』となせるは面白き文字なり。然れども先生の世を益し社会を啓発し得たるは、其の楽んで初等教育に従事したるを以てなり。世界国尽、啓蒙手習文、文字の教の如きは、文部省に先立つて普通教育に着手せしものに非ずや。日本国民は福澤先生によりて小学程度より教育を授けられたるなり。国民の発達、此の教育者に負ふ所多きを忘る可らず。

先生は常識の人なり。其の天分性格、米国のフランクリンに酷似す。或は其の笑殺諷刺其の他の点に於て、仏蘭西のヴォルテールに似たりとなす。然りと雖も、余輩は之をフランクリンに比するを最も適当なりと信ず。先生がフランクリンの著書よりプーア・リチャードの格言を抄《ぬ》きて之を我が国民に示したるが如き、偶然に非ず。金銭の貴ぶべき、時間の重んずべき、実務の軽んずべからざることなどにつきて、先生の所説及び教訓、フランクリンと好一対なり。両者ともに平凡的世俗主義を上品に実行し、独自一己の力を以て躬行実践の功を積み、遂に天下に大名を成せり。合衆国到る所フランクリンの紀念像を有すること最も多き米人が、何事にも其の風格を存する如く、福澤門人の人々も、先生の面影を表はすに似たり。然れども、上品なるエピキュラスの徒、遂に豚小屋主義に陥りたる如く、又フランクリンの感化を受くる者、誤って全能なる弗《ドル》の崇拝者となれる如く、何人も武士風ありと認め、侠骨あると称讃し、道義の念深しと尊崇する福澤先生の末流、また拝金の徒少しとせず。是其の議論の弊なるか、其の主義の論理的結果なるか、将た之を学ぶものの誤解せるに依るか、余輩は先生の人物と精神とを此の点より非難するの不公平なるを知る。其の末流の弊によりて之を責むるは、甚だ不穏当なり。何人と雖も、先生の人と為《な》りの高潔なるを認めざる者なからん。久しく之を悪口せし輩と雖も、今日に至りては、漸く其の讃美者となりつつあり。先生は毀誉の点に於ても一大勝利を得たり。然れども其の所説及び其の主義は、論理的に如何なる結果を生ずべきものなるや、此は一つの公開問題なり。余輩時を得て之を研究せんと欲す。

先生は豪邁なり。活潑なり。独立自尊なり。常識に富み、眼光烱々、時と勢とを察知して、能く事物を料理するの天才あり。先生は道義心篤く、正直にして古武士の風あり。然れども其の著しく欠く所のものは、崇拝の念なり。彼はフランクリンの如く物理学を嗜好すること意外に深し。曾て之と談話せしとき、先生が頻りに造化の妙用を讃へ、自然界の約束厳格なるを賞し、天地の広大なるを驚嘆せられし音容、髣髴として目前に浮び来る。『福翁百話』の初めに宇宙天工を説きたるが如きと其の趣きを同じうせり。運用の妙、機工の霊は、先生の感嘆する所なり。然れども道義上宇宙に於て感嘆すべきもの、先生には之無きなり。其独立自尊、偶像破壊、四民平等、簡易活達を旨とするが如き、其の裏面には先生の胸中崇敬の念乏しきを見るべし。其の常識は四面を見渡し、眼下を見下ろすことを得たるも、仰いで高きを窺ふこと能はず。先生は瞻仰《せんぎやう》者にあらざりしなり。人の性見上ぐるを貴ぶ。欧人人を呼んでアンスロポスと云ふ。或は之を瞻仰の義なりと解す。マルティノーの倫理論に、崇敬の道義に於ける地位を説き、其の貴重すべき所以を弁ずること詳かなり。余輩は宗教者として先生の欠点此にあるを痛恨せざるを得ず。其の宗教に対するの態度、幾分か此の欠点によりて説明せらるべし。然れども不思議なるは、常識の人フランクリンが十三州挙兵の際、聯邦の基礎を置かんとする会議に於て、議論紛々たるを悲み、自ら純乎たる基督者ならざりしにも拘はらず、祈禱を以て開会すべしと発議せしことなり。我が福澤先生も亦此に類するものあり。時としては本願寺の改革に尽力し、真宗の拡張に一臂の力を致されしこともあり。時に宗教論を時事新報に掲載し、老婆心的保護的口調を以て、基督教の為めに利益を計り、仏教僧侶の矯弊策を講じたることもあり。然れども崇敬心の欠乏は、先生をして到底基督教の如き信仰の趣味を解すること能はざらしめたり。

朝に夙に起き出で、門生数名と共に老壮士の如く郊外に散歩し、夕には後進を座に引きて快活に談話し、家庭にありては夫婦の和楽、親子の親愛、世に名高きほど濃厚なる福澤先生は逝きぬ。余輩国民と共に其の死を哀悼すること切なり。

（明治三四、二『福音新報』。岩波文庫『植村正久文集』。『植村全集』七）

●――この弔文は、『福澤先生哀悼録』にも収められているが、おそらく全巻の弔文中の圧巻である。福澤の人格と生涯の事業の意義とを道破して余すところなきものであろう。長文を厭わず、全文を採録したゆえんである。『福翁自伝』の価値をいち早く認めて、福澤の著書中、最も後世に残るべきものと推測したのも、当時としては珍しい先見の明であった。（文中、福澤が東京府会議員を固辞して就任しなかったとあるのは誤りで、一旦就任したが、程なく辞職したのである）。

33 内村鑑三

福澤諭吉翁

彼も亦九州人なり。而して天下彼の功労に眩惑せられて、未だ彼の我邦に流布せし害毒を認めず。金銭是れ実権なりといふは彼の福音なり。彼に依て拝金宗は恥かしからざる宗教となれり。彼に依て徳義は利益の方便としてのみ貴重なるに至れり。武士根性は、善となく悪となく悉く愚弄排斥せられたり。彼は財産を作れり。彼の弟子も財産を作れり。彼は財神に祭壇を築けり。而して財神は彼を恵めり。遠慮なく利欲を嗜みし者は薩人と長人となり。利欲を学理的に伝播せし者は福澤翁なり。日本人は福澤翁の学理的批准を得て、良心の譴責なしに利欲に沈淪するに至れり。薩長政府の害毒は、一革命を以て洗滌し去るを得ん。福澤翁の流布せし害毒に至ては、精神的大革命を施すに非ずんば、日本人の心底より排除し能ざらむ。

（明治三〇、四、二七『万朝報』。『内村鑑三著作集』四。『内村鑑三信仰著作全集』二一）

◉――同じ明治のクリスチャンの中でも、植村正久と違って、内村鑑三《うちむらかんぞう》（文久元―昭和五。一八六一―一九三〇）は、その徹底した宗教的潔癖性から、福澤の経済主義、物質主義が、世に拝金宗の流弊を生んだことを憎んでやまなかった。この短文は、彼が当時在社した『万朝報』に連載した断想録「胆汁数滴」

の一齣である。

◉――内村はこれより先、その処女著作『基督信徒の慰』（明治二六刊）の中で、早くも福澤の楠公権助論を否定し、楠公の忠死が後世の勤皇思想の興起に貢献した事を強調して、「一楠氏死して、慶応明治の維新に百千の楠公起れり。楠公は実に七度人間に生れて、国賊を滅せり。楠公は失敗せざりしなり」と断じている。（『内村鑑三著作集』一。『内村鑑三信仰著作全集』一）。徹頭徹尾武士の魂を以てキリスト教の信仰を堅持した内村には、福澤の功利主義的、物質主義的発想は到底許せなかったのである。

34 福澤氏の宗教家に対する説教

内村鑑三

洵に福澤氏が其得意の「宗教は茶の如し」なる題目《テキスト》を以て為したる説教は、有益なる説教なりき。其は「特に仏教徒及び耶蘇教徒に対して述べられたる」ものなりとは、我が日本人経営英字紙が其忠実なる英訳を載せて我等に告ぐるが如し。三田の聖者は曰く、「本来我輩は宗教心に乏しくして、曾て自から信じたることなし。自から信ぜずして人をして信ぜしめんとするは不都合なりとの非難もあらんなれども、何分にも心になき信仰を装ふは、我輩の為す能はざる所なり。」

◯ 扨て、読者諸君は、福澤氏が、「教育のある」同胞多数の如く、甚だ正直なることに気附かるべし。彼も彼等も、自身は何の宗教をも信ぜざりしことを率直に告白す。而て彼等の多数は、已れ宗教的ならざるが故に、所謂「宗教家」に就て彼等の厳しく批難する多くの罪を縦《ほしいまま》にするなり。彼等に依れば、蓄妾は本願寺法主の行ふ時は罪なれ共、彼等自身の之を行ふ時は罪にあらざるなり。彼等は賭博し、芸妓を「買ひ」、公金を費消するも差支へなし、蓋《そ》は彼等は宗教家ならざればなり。然れ共同一の事を仏教徒、基督信徒が為して、其は怖ろしき罪悪なるなり。是等の人々に依れば、人は直ちに已れ盗賊なることを告白すれば、盗むも差支なしとの事なり。彼は、宗教的なりと公言して而も盗みを為す宗教家達の如き偽善者には非るなり。

○然れ共、余輩の見る所に依れば、若し賭博にして罪ならば、何人に依て、然り福澤氏自身の弟子に依て行はるるも、其は罪なり。己れの賭博者なることを否定せざる特別の意味に於ては、彼等は偽善者ならざるべけれども、矢張り彼等は賭博者なるに相違なし。而て賭博は誇るべき習慣に非ざるなり。蓄妾に就て然り、「芸妓買ひ」に就て然り、株式投機に就て然り。其他我が「教育のある階級」の常習なりと謂ふ幾多の悪習に就て然り。福澤氏は彼が仏教徒、基督教徒に対し、甚だ好んで加へらるると同じ打棒を、能く其国人の非宗教的部分に加へらるることを余輩は信ずるものなり。

○而て「低級無智なる庶民」の一人にして、憐むべき迷信的なる我々は、我が大先生自身が宗教を斯くも軽視せらるるを見て、如何にして宗教的なるを得可き乎。彼は現時日本人の最高学識を代表する者、我々は彼の如くならんことを試む可からざる乎。而て若し本紙記者の報ずる如く、聖者自身の養子が株式投機の成功者なりとせば、我々一同其名誉ある職業を己が職業として選び、以て彼の忠実なる息子たり弟子たる可からざる乎。如何なる良心的教師も、自分自身とは異る者たれと其弟子に教ふる者なし。「汝、我の如くなれ」、是れ凡ての教師の中心教義たるべきなり、然れば福澤氏は、自身真なりと信ぜざるものを信ずるやう其国人に勧むるの権利を有せず。彼は自身が宗教を有せざるを誇り乍ら、絶えず宗教的なれと勧むる事に依り、己が良心と己が国人とを害しつつありと余輩は信ずるなり。

（明治三〇、九、一一『万朝報』。『内村鑑三著作集』三）

●――内村は福澤の経済主義を憎むとともに、また福澤が自ら無宗教を標榜しながら、世間に宗教を奨励する矛盾をも偽善として弾劾せざるを得なかったのである。当時植村とは対蹠的に、内村ぐらい徹頭徹尾福澤を攻撃した論客は、ほとんど他に類がないであろう。福澤と内村とは、明治の思想家中、最も異質の存在だったのである。

「宗教は茶の如し」（全一六、九一―三）は、福澤が明治三〇年九月四日『時事新報』に掲げた論説で、〈宗教にはいろいろな種類があるが、要するに大同小異で、茶と紅茶との違いぐらいしかないのであるから、宗教家は他の商品を悪く言うよりも、専ら自家の商品を精良化して、ともかくも茶の味を民衆に解せしめるのが肝要である〉という趣旨である。

「聖者自身の養子」とは、福澤桃介のことで、早くから実業界に活躍し、日清戦争後の経済界の活況に乗じて、株で一時大儲けをした。

●――福澤の功利的宗教観は、内村が終生唾棄してやまなかったところである。彼は福澤の没した翌年、明治三五年一〇月東京高輪西本願寺大学校における講演「宗教の大敵」の中でも、福澤が自ら宗教を信ぜずして宗教を奨励したのを、宗教に対する最大の侮辱なりとし、世の宗教家がこれに憤慨しない無気力と不見識を責めた。〈政治家の政略は少しは許せるが、学者の政略は断じて許すべからず〉というのが彼の主張であった。（『内村鑑三信仰著作全集』一四）。同じ趣旨よりする福澤攻撃は、それ以後も内村の言説の中に再三反復されている。

●――福澤の宗教論については、内村の如き宗教家とは別に、当時新たに擡頭しつつあった社会主義者の側からも、非難の声があがった。宗教を以て労働者の不平を鎮め、資本主義社会の安全をはからんとした福澤の意図に対する攻撃である。片山潜（安政六―昭和八。一八五九―一九三三）の主宰した『労働世界』（明治三二、四、一）に左の記事があるという。

読んで噴飯す、時事新報は労働者に奴隷のごとき柔順を欲して、この言をなせるにあらざるか。従前労働者の柔順なりしは、封建時代の風習に由来せる奴隷思想の流続せる一種の結果たるのみ。階級多き昔日の風習を夢みて、今日の労働者を規せんとす。なんらの没分暁《わからずや》のことぞ。（家永三郎氏編、現代日本思想大系『福澤諭吉』解説五一―二による）。

教育の真義（治者と被治者）

35 新渡戸稲造

一体私が初めて此慶應義塾へ参りましたのは明治八九年頃でありまして、此辺に大きな建物は沢山なかつた。確か此堂が一つ建つて居たかと思ふ位で、殆ど野原であつた。所が今日来て見ると、大きな建物が沢山並んで居つて、何処へ行つて宜いのか分らぬ。已むなく人を頼んで此堂へ案内をして貰つたのであります。此堂へ入つて暫く其処に居る間に、殆ど私の記憶から離去つた所のものが、再び微かに想ひ泛んだ。それは明治何年であつたか、私が十四五の時分、此堂へ来て、故福澤先生のお話を承つたことである。それを想起したが故に、三田に来りて感ありと云ふ題で暫時お話しやうと思ひます。

今申す通り、私が此処に来たのは幼少の頃であつたから、丁度其辺に坐を占めて居つて、成程演説堂と云ふものは斯う云ふものであるか、外国へは行つたことが無いから知らぬが、何しろ立派なものであるなと思つた。其頃大学にも未だ演説堂と云ふものは出来て居らず、又私が演説と云ふものを聴いたのは其時が初めてであり、而も予々《かねがね》敬つて居つた所の、又日本の思想界の先覚者である所の、福澤先生が演壇に立たれてお話せられたのであるから、随分いろ〳〵の考が浮んだ。併し正直に白状すると、其時の演説の趣意はどう云ふことであつたか忘れてしまつた。尤もそれには理由がある。演説よりはもっと奇妙なことで記憶に存して居るものがあつたからである。それは外でもないが、私の坐つて居る前の方に私と同年位の子供が大勢居た。それは此塾の生徒で、今日で謂ふと少年部と云ふやうな方の生徒であつたらうと思ふ。暫くすると先生が出て来られたが、其時に先生は両手に紙袋を持つて居られた。変なものだな、演説と云ふものは紙袋を持て来てするものか知らん、あの中に種が入つて居るのだらうかと見て居りました。所が、やがて先生は其袋の口を開いて、子供にそれを遣り初めた。それは煎餅でありました。私はそれを見て、自分にも呉れるだらうかどうだらうかと非常に心配したものだから、其方のことが深く脳髄に染込んでしまつて、折角の御演説の趣意は忘れたのでありります。是は唯〻一場の笑話に過ぎませぬが、嘗て私が其辺に坐つて先生の御演説を承つたことを思ふと、忽ち先生の面影が髣髴として私の脳裡に現はれたのでありまます。其後不幸にして一度も先生に御目に掛つたことはない。唯だ先年外国から帰つた時、御招きに預つたけれども、御目に掛ることが出来なかつたのは、甚だ残念に思つて居るのであります。私が先生に御目に掛つたのはさう云ふやうな次第であるが、其時のことが今日思ひ浮んだのは、啻に煎餅のことから聯想したのではない。教育家と云ふものはああ云ふものであらうかと云ふことを深く感じたのである。併しそれは煎餅を分けて呉れたからでは無論ない。（中略）先生は如何にも子弟を愛する。先生と生徒との間に親みの厚かつたことが、今でも私の頭の中に残つて居るのでありますす。今日の教育家の状態を見ると、勿論立派な人も沢山あるが、併し真の教育家なる者は至つて少い。多くは教育屋である。其教育屋を見て教育家を批評するのは、恰も政治屋を見て政治家を論ずると同じである。私の言ふことは或は誤つて居るか知れませぬが、今日教育に従事して居る人の多くは、どうも教育屋のやうに見える。如何なる点がさう見えるかと云ふと、成程自分の知つて居ることは教へもしやう、請売もしやう、切売もしやう。一時間幾らと云ふ給金を貰つて居るのだから、それだけは喋りもしやう。一学年の中に終へなければならぬと云ふ教科書は読上げもしやう。丁度講釈師が何処から何処までと句切をして読むやうに、教科書を読上げると云ふやうな人は沢山あるが、どうも何だか私の子供の時に、福澤先生が生徒に煎餅を分けてやられた趣とは、根本に於て全く相違があるやうに思ふ。尚一歩を進めて言ふと、先生は殆ど己を棄てて弟子を造らう、後進者の為めには如何なる労苦をも厭はないで、御自分の一身を捧げて人を可愛がつたと云ふ、其御心持が先生の人格に能く現はれて居つたやうに思ふ。さうでなければ私のやうな十四五の小僧に、特に感じやう筈がない。単に煎餅だけのことであると、二枚や三枚の煎餅は、自分の家に帰つても貰へるから、さう有難いと云ふ感念が起りやうはない。

今先生のことを考へて居りながら聯想したことは、独逸の経済学者の泰斗と言はれて居る所のロッシエル、クニース、ヒルデブラントと云ふやうな人のことである。是等の人は新派の経済学を建設した人である。此中ロッシェルと云ふ人は多くの著述をせられた。特に歴史的の事実を集めて、新派の学説を述べたので、それは諸君も御承知であらうと思ひます。それからクニースは、沢山の著述をせられたけれども、先生は哲学的、論理的に経済の学理を推究して、従来の説の誤つて居る所を駁し、自身の信ずる所を着々述べられたのである。所が第三のヒルデブラント先生は、御承知の通り著述と云ふことは余りなさらない。先生の著述と云ふのは、極く薄い書物を一冊著はされたのみである。尤も此外に雑誌などには論文を書かれて居るが、併し先生は著述家として新学派の為めに貢献されたことは少い。又演説をして力を尽されたのでもない。又先生は大学の講師をせられて居つたが、説明が上手で学生に其考を吹込んだと云ふのでもありませぬ。先生が経済学の為めに貢献せられたのは、弟子を造つて其学問に興味を持つやうにせられた事である。経済学と云ふものは銭勘定の学問ではなく、国家を経営する学問である。人類の幸福を増進せしむるの学問であるから、汝等は生命を犠牲にしても此学問の為めに尽せ。空理空論を論ずるものではないぞと言つて、自分の精神を吹込んだのである。であるから先生は、著述家としては名を顕はして居らぬが、弟子、而も立派な弟子を沢山造られたので、今日尚ヒルデブラント先生と崇められ、新派創立者三人中の一人に数へられて居る。（中略）

大分話が横へ行きましたが、福澤先生の教育の仕方も、唯〻新しい知識を注込むと云ふよりも、新しい知識を得たいと云ふ志を起さしむるやうな教育をせられた。即ち先生自ら注込むのでなくして、注込む所の器を拵へやうと云ふのであるから、是が真の教育であらうと思ふ。単に知識を注込むことは教育屋でも出来るが、注込まるる器を綺麗に掃除して、注込む知識を渡す。中には私のやうな極く粗い脳もあるから、さう云ふのを絹漉《きぬごし》にして潔白にすると云ふことが、是は最も為し難いことではあるが、教育家としては極めて大切なることである。それをするには——何と言つて宜いであらうか、此処であるから英語で言つても宜いでせう、ソール、ツー、ソール、霊魂と霊魂の交り、心と心の交り、頭と頭の接触、さう云ふことであらうと思ふ。私は唯〻一度福澤先生に御目に掛つたのみであるが、此粗い頭の中に長く残つて居つて、今日此堂に入つて先生の面影を想起すと云ふことも、全く先生の御教育の力であると思ふ。

（中略）世の中では能く官学とか私学とか云ふことを言ふ。（中略）無論此慶應義塾は私学であり、私の習つた所の学校、及び今関係して居る所の第一高等学校、帝国大学は一の官学である。尚官学と云ふのは斯うも取れるのである。尤も今日では大分趣が違つて居るが、昔であつたならば官吏を造る、即ち、治める人を造る学校である。私は一体北海道の農学校で学問をしたのであるが、農学校では単に農学を教へるのが目的ではなかつた。そんなら何が目的かと云ふと、当時北海道には開拓使と云ふものがあつて、黒田清隆さんが其長官であつて、開拓を盛んにしやうとしたので、開拓に必要なる人材、特に官吏を養成すると云ふのが目的であつた。（中略）語を換へて言へば、北海道を治むる所の者を養成する学校である。で、官学と云ふのが治者を造るのであるとするならば、私学はそれに対して治められるもの、治められると云ふと少しく聞えが悪い、耳触りであるが、之を高尚なる意味に於ける被治者を造る学校と言ひたいのである。（中略）

私はもつと日本人には被治者たる所の教育を授けさせたいと思ふ。で、官立学校で治者たるべき教育をすると相俟つて、私学校で被治者たるの教育を尚一層留意してやつたならば、私は更に立派なる国民が出来はせぬか、又福澤先生の御考もやはり其処にあつたのではあるまいかと思ふ。（中略）私共が外国を旅行し、日本に帰つて来て感ずることは、まだ〳〵日本の一般の程度が低い。それであるから学者とか謂ふ人は、己れは学者であると云ふやうな顔をして、俗人と離れるやうにし、無暗に高く留つて喜んで居ると云ふ風がある。又世人も、余り能く分らぬやうな高尚なことを言つて居ると、あの人の言ふことは分らぬけれども、何だか学問が深さうだと言つて尊敬する風がある。併ながら今日の日本の学者としては、或る一の高いことを覚えたならば、成るべく早く多数の人にそれを教へるやうにしなければならぬと思ふ。尤も学問をして、それに依つて世の中を寵絡しやうと云ふやうな人は、それは別であるが、苟も国を憂ふる者ならば、己れの覚えたことは斯うであると言つて、大勢の人に知らしめるのが急務である。豪い人を一人や二人拵へるよりも、一般の人の知識を高めることが極めて必要である。福澤先生が煎餅を買はれたならば、それを多数の子供に分けてやられたと云ふやうな考を以て行くことが、最も大切であらうと思ふ。

（明治四二、二講演。『慶應義塾学報』一四一号）

●——新渡戸稲造《にとべいなぞう》（文久二—昭和八。一八六二—一九三三）は、札幌農学校出身のクリスト者としては、友人内村鑑三と並称されるが、彼が官学出身者でありながら、福澤に深く傾倒していたことは、拙著『福澤諭吉論考』所載「新渡戸稲造と福澤精神」に詳らかにしたところである。両者の間にはまさに一世代の差があったが、〝啓蒙的自由主義者〟としてはまさに双璧で、新渡戸はその点で福澤の精神的後継者だというのが私見の結論である。新渡戸は福澤と個人的な接触はなかったが、この講演は、彼が生前福澤を見たことがあるという事実を物語る多分唯一の文献ではないかと思われる。

36 福澤諭吉翁

島田三郎

（上略）今の人は翁を拝金宗の信者で泛々《はんぱん》たる才士の如くにいふが、其行ひを見ると、言つた通りに行ひ、信じた通り言ふ。其信仰勇気実行は決して軽薄者流の企て及ぶ所でない。翁は此信仰と勇気とを保ちて三十余年の間少しも変ぜずにやつたのは、日本の学者の歴史の中で一種変つたものであつて、終始西洋のことを日本へ引入れることに尽力した。西洋流義の文明を入れるより外に、日本を古い思想から引抜いて新らしい世界にすることは出来ないと論じた。三十年の間止まずにやつて、晩年に至るまで、年々新たなる壇に入たのは卓絶なる人物と言はねばならぬ。福澤翁は実行と信仰と相伴て居る人で、社会に其改良意見を公言する権利かあると私は思ふ。福地氏も時々には民権論者となつて、開拓使官有物払下の時にやつたが、福地が民権の忠実なる友であると云ふことは頗る六ケしい。人類の権利を論じて、婦人の位置を高めると論じても、是も権利が無い。丁度伊藤さんが女の教育を言つた所が実は之を言ふ権利がないやうなもので、人が笑を以て迎へる。福地氏が平民主義を唱へた所が、之を唱へる権利が有ると思はれない。其他も斯の如きものであつて、自論公言の権利の有る人と無い人と区別をしたらば、福澤翁は此権利が有ると思ふ。間違つた議論でも何でも、其所信を実行して居るから強い。言つただけのことを行ふ者が一番力が有る。高卑に拘らず、自分に熱があれば、人に熱を起させることが出来る。自分の行ひが思想の勢力になる。今日福澤翁の勢力は是から出て来たのであらうと思ふ。（中略）

明治年間思想変遷の間に、自分の見識を立て、プラクチカル、アクチーブ、コンモンセンスをやり通したのは福澤の感心すべき所で、同時代の先生より一歩高いと平生思つて居りますが、ここで福澤が誰に似て居るかと云ふことで論を極めやうと思ひますが、私は仏蘭西のヴォルテールに似て居ると思ふ。ヴォルテールは世の中に余程間違られて居る。ヴォルテールが非基督教論の自由思想を極度に表彰して破壊論者となつたのは、時勢の激発である。当時羅馬教会が仏蘭西の文明を妨害し、仏人を束縛なし、貴族の友となつて平民を蹂躙したから、先づ此教会に反抗し、当時の基督教に向つて争はざるを得ぬ地位に立つた。之に向つて火の如く雷の如き、利刀の如き舌鋒筆刀を揮つた。ヴォルテールが得意の諧謔の文を以て一世の俗人を嘲弄して、宗教も打破れば、古代文学も打破りて、愚弄し切つた。詰りヴォルテールは、当代の風習に激して、斯う云ふ方針に出た。自由を主張し、束縛を破り、旧習に対する戦争を為した。旧思想を破壊した。左ればヴォルテールの特別の性質は、今日から見ると、新発明を見出さない。ヴォルテール自身が新らしい広大なる新理を発明したと云ふことはない。文人として名は歴史上にあるけれども、又其勢力は仏蘭西革命の動機となつたけれども、今日から見れば、新理を発明したと云ふことは少しもない。丁度福澤翁が戦つたのも之に似て居る。コンモンクラッスブックを米国から持つて来て、之を平易諧謔の文に訳して、其時の総て旧い思想、士族の思想を破り、東洋に千百年続いた気習を破るために争ふた結果、楠公を権助と罵り、青砥藤綱《あをとふじつな》を不経済家と嘲り、奇矯警抜、古人崇拝の風潮に反抗した所がヴォルテールに似て居る。一種特別の諧謔の趣味を帯びて居る所もヴォルテールに似て居る。宗教嫌ひの所もヴォルテールに似て居る。福澤翁の文章はヴォルテールの価値はないが、諧謔の趣味を含んで居る点丈けは似て居ると思ふ。ソコで一つも新発明はない。欧羅巴に有り触れた思想を其儘に翻案したのである。社会の色々なことを書いたのが西洋事情で、一口話が片輪娘などで、其他帳合の法は丁碓の手引草に過ない。福翁百話は有形より無形に渉つたけれども、是も決して新発明の者はなく、コンモンセンスの発表であると思ふ。人間は生活が第一で、金がなくてドーなる者かと教へたが今日の拝金宗の萌芽で、福澤翁が長く同じことを繰返したから、自然門人に及んだ。士族の世禄がなくなつて生活問題が各地に起つた所へ、此宗派が風潮に乗じて広がつた。(中略)是まで福澤翁がやつたのは、前代の思想を一変したが、現時既に弊害を生じて居る。今代の改革に任ずる人は、一層進んで働きをしなければならぬ。福澤流の思想は既に今は旧思想となつて、其利用将に尽きんとして、弊害を生じて居るのであるから、更に新思想で開拓して行かなければならぬ。福澤翁と現代に就いて私の観る所は、斯の如き考を持つて居ります。

(明治三二講演。明治三六刊、吉丸一昌編『名家修養談叢』)

◉——大隈系の政治家でジャーナリストの島田三郎《しまださぶろう》(号沼南。嘉永五—大正一二。一八五二—一九二三)の福澤評。大隈は福澤と親交があったが、島田はあまり深い交渉がなかったらしい。この講演をしたころ、彼は『毎日新聞』社長であった。相当長い講演なので、その一節だけの引用にとどめた。福澤自身は拝金主義者ではないが、その教育が拝金宗を生んだことなどを強調している。ヴォルテールとの類似は、前掲の如く、徳富蘇峰や竹越三叉・植村正久なども言ったところである。

●——ヴォルテール（一六九四—一七七八）と福澤とは、人生行路においては類似性が少ない。また福澤には、ヴォルテールの如き詩歌・小説・戯曲等の芸術的制作はなかった。福澤がどれほどヴォルテールについて認識があったかもなんら証跡はない。しかしヴォルテールが、一、旧い権威と祖国の専制政治とを否定して、いち早くイギリスの市民革命の精神を輸入し、ニュートン哲学の合理的実証精神を導入して、フランス啓蒙運動の偉大な先駆者となったこと、二、教会の因習と僧侶の愚昧とに反撥してやまなかったが、理神論的信仰を奉じ、民衆統治のためには宗教の必要を認めたこと、三、人権の平等を信じながら、人民大衆による共和政治を認めず、個人の自由を重視して、ブルジョア社会を目標としたこと、四、思想の体系化よりも、縦横無尽の才気煥発にその本領を示したこと、五、文章が明快で、諷刺と毒舌に長じたこと、六、厖大な著作を遺したことなどは、福澤と相通ずる重要な諸点であろう。

37　福澤翁の『新女大学』を評す

木下尚江

一

余は未だ曾て福澤雪池翁の謦咳に接せずと雖も、尚ほ母の膝に抱かれて、「世界は広し万国は……」と『世界国尽』を口授せられしより以来、『福翁百話』『新女大学』の近時に至るまで廿余年の間、文字を透《と》ふして翁の教訓を受けたること、決して尠なしと言ふべからず。今や翁の病漸く癒へて、福翁百話の続編出でんとすとぞ聞く。是れ余が窃に翁の為めに賀し、社会の為めに祝する所なり。此時に当りて、翁が最近の大教訓たる女大学に向て、聊か愚見を吐露すること亦た可ならずや。評論の或は不遜に渉る者あらん。然れ共是れ『世界国尽』を暗誦したる当年の孩児の言なり。翁幸に之を寛恕せよ。

夫れ女性は人類社会の半体なり。之を軽蔑圧抑したる従来の国風世俗を打撃して、社会に正則の進歩を与へんと努めたる福澤翁の功業は、日本国民の宜く記臆(憶)すべき所なり。翁の言論時に奇激の疑似あるは、積年の陋習弊風と闘《たたか》ふが為めの当然の態度のみ。其語尾を捉へて云々するが如きは、必竟進化活動を喜ばざる頑迷者流の卑怯手段にして、吾人は翁に和して其の無縁の衆生済度の限に非ることを歎息せずんばあらざるなり。然れ共熟々《つくづく》『新女大学』を玩味して、之を翁の素論と参照し、以て翁が教訓の源泉を探り、直に翁の精神を穿鑿する時は、吾人未だ大なる讃美の辞を呈することと能はざる者あるなり。乞ふ少しく之を論せん。

吾人は女性が生活の種類を分ちて、之を四個となすの適当なるを信ず。

第一　嬢的生活

第二　妻的生活

第三　寡婦的生活

第四　独居的生活

所謂嬢的生活とは、結婚年齢以前の者にして、独居的生活とは、終生孤身単影の老嬢的生活の謂なり。故に此四個の者は、只だ女性が生活の品類を臚列したるに過ぎずして、女性の生涯を時期に就て分類したるに非るなり。若し女性の一生を時期によりて記るさば、吾人は左の二種に分つことを得ん。

第一種、正則的生活

嬢的時代―妻的時代―寡婦的時代

第二種、変則的生活

処女的終身（即ち独居的生活）

吾人も翁と共に、男女室に居は人生の原則なることを信ず。然れ共原則の裏面には、必ず例外あることも亦吾人の認識せざるべからざる所なり。而して世上の事、原則に順ふは易くして、例外に処すること誠に難し。故に苟も言を立て教を宣べ、以て一代の師範となり、以て百年の箴鑑たらんと欲せば、原則と例外と併せ講じて、変通自在の道を示さざるべからず。吾人は此点に於て、福澤翁に一大忘却ある事を断言して憚からざるなり。

看よ、翁の教戒数万言、女性の誕生より始まりて、養育教訓の道に入り、結婚の大問題に移りては、或は新老夫婦の別居を論じ、或は放縦良人の不徳を警めて、新日本の花嫁の為めに活路を拓き、遂に転じて寡婦の門を叩きては、『貞女不見両夫』の片跛的陋元則を破りて、旺に寡婦再嫁論を唱道し給へり。此の間の論脈に於ては、吾人は大体に於て翁の議論に賛成す。然れ共翁は、何が故に筆を寡婦に擱き給ひしや。是れ吾人の怪訝に堪へざる所なり。処女より始りて寡婦に終はる者、是れ即ち吾人が所謂女性の正則的生活なり。然れ共吾人は之を外にして、現に少嬢より始まりて老嬢に終る多くの女性を見るに非ずや。而して更に将来を推察すれば、多くの女性をして老嬢的生活を遂げしむべき必要の事情、或は当然の理由さへも、亦た横はりつつあることを見るに非ずや。「独居的生活」は、日本将来の女性の為めに解釈を要する新奇重大の問題なり。而して翁遂に一言半句の之に論及する者あらず。是れ豈に一大忘却に非ずして何ぞや。

二

翁が何故に女性の独居的生活を忘れて顧みざるやを知らんが為めに、吾人は先づ翁の結婚論を見るの必要あるなり。『新女大学』に曰く、

一、女子既に成長して、家庭又学校の教育も了れば、男子と結婚す。結婚が人生の原則なる事は、吾人も之を認識す。然れ共吾人は更に、翁が結婚を認めて人生の大倫となす所以の理由を探求せざるべからず。而して吾人は、『福翁百話』の中に於て、僅に翁が結婚の哲理を聴くことを得たり。翁の曰く、

人として子孫を思はざる者なし。夫婦は子孫繁昌の本とあれば、良縁を求めて好き子を産み、好き孫を見んとするは人情の自然にして、男女配偶の選択には、特に心を用ひざるべからず……

蓋し『福翁百話』は、翁が世界観人生観を網羅したる哲学全書と云ふべきなり。而して其の娓々《びび》数百万言の中、結婚の説明として聴くべき者、只だ此数句に過ぎず。子孫を挙ぐるは結婚の余果のみ。当初の目的に非ず。全局の原理に非るなり。子を産み孫を見ざればとて、結婚の大義豈に直に破滅せりと言ふべけんや。

去らば結婚とは何ぞや。結婚とは「愛情」の成果なり。故に結婚を知らんと欲せば、先づ愛情を知らざるべからず。而して愛情に対する解釈の深浅濃薄に依りて、結婚に対する観念の深浅濃薄の差違を生じ、延びて寡婦的生活に対し、独活的生活に対する思想に異色を現顕すべし。

『福翁百話』に於ける「婦人の愛情」の章下に曰く。

女性の心身は挙げて愛情の一点に帰するの事実明白なるに於ては、古今の識者が深く此辺に論及することを為さず、凡俗の流風に雷同して婦人の婚姻法を等閑に附したるは、人事に不注

意の甚しきものと言ふべし。

良ひ哉言や。去ば我が福澤翁の愛情論は如何。曰く「二十、三十、四十にも足ぬ婦人が配偶を喪ふは珍しからぬ事なるに、世間の人は只不幸を悲むのみにして、婦人の善後策に再婚を云々する者少なきのみか、寧ろ其寡居を励ますの情あるが如し」、曰く「寡婦人を見れば……黙して寡を守り、敢て自ら再婚を言はざるのみか、却て之を拒む者多きを常とす。傍観者ます〳〵断腸に堪えざる次第」、曰く「年尚ほ老境に入らざる婦人の寡居するは、単に盃の底なきに止まらず、玉盃の全面針を生ずるに等しと曰はん」、曰く「血気未衰の婦人を寡居せしめて、曾て其害悪を論ずるものなきは、之を評して学者識者の怠慢と云はざるを得ず」、翁の説く所大抵此の類のみ。是れ豈に世俗所謂「察しの好い」底の極めて浮浅軽薄なる愛情論に非ずして何ぞや。語を換へて言へば、翁の愛情は只だ物質的、肉慾的のみ。毫も精神的、理想的の高尚優美なる者を解せざるなり。更らに約して言へば、翁の所謂愛情は決して真正の愛情に非るなり。

翁既に真正の愛情を悟らず。故に看よ、翁が配偶撰択の方法は、『男女の相愛自選』を第一位に置かずして、却て其父母をして先づ婿を選み嫁を求めしめんと欲せり。吾人は必ずしも人の父母をして、其の子女の結婚に容喙せしむべからずと言ふ者に非ず。只だ何処までも結婚は男女の相愛自選を原則となし、父母は是れが後見者たり協賛者たるに過ぎざるべきを信ずるなり。

三

翁の愛情論が物質的、肉慾的以上に出づること能はざる結果は、看よ、只だ人類の劣情に従て之を充たすべき法を講ずるの外、曾て神妙高貴なる愛情の発揮に思ひ及ぶことなきに非ずや。翁が未亡人に対するの教訓に曰く、

結婚は生涯の一大事にして、死に至るまで解くべからずと雖も、唯人身の約束に免るべからざる死別の一段に至りては、覚悟を改めて、第二生の境界に入り、神気颯然として半点の曇を見ずとの意を明にするのみ。即是れ大自在の安心法なりと知るべし。

斯の如くして翁は、猶予なく再嫁すべきことを未亡人に勧むるなり。若し之を以て大自在の安心法なりと言ふことを得ば、吾人は呼ぶに物質的安心法を以てせん。而して吾人は物質的安心法を外にして、理想的安心法なる者の更に大切にして、更らに尊貴なることを信ぜずんはあらず。

「貞女、両夫に見へず」の格言は、家族主義的圧制の歴史あるが故に、人をして先づ悪感情を抱かしむと雖も、吾人は此の一句の奥に於て、理想的愛情の美妙不可思議なる者の籠もれるを認むるなり。肉慾的以上の愛情を認識する人は、必ず吾人の言に向て疑惑を置かざるべし。若夫れ愛情にして肉慾的範囲のものならば、肉躰の滅亡と共に愛情亦散失せん。然れ共愛情にして精神的のものなりせば、決して肉躰と共に滅亡すべからず。肉躰は死すと雖も、精神的恋愛は時間と空間との支障なしに相契合することを得ん。又た何の暇ありてか、他に愛情の満足を求めんや。是れ真に無上

の大自在安心法にして、而して我が人生をして最も歓楽に、我が社会をして最も清浄ならしむるの道と云ふべし。故に吾人は貞婦両夫に見へざるを以て、愛情の真理に協へる者と信ずるのみならず、男子両女を娶らざるも亦同じく真理なる事を信ずるなり。勿論、吾人も此最高標準を以て一般人類を律することの困難なるを知る。又た平々凡々の婦女子を強て再嫁を拒絶するの困難なるを知る。然れ共我が福澤翁にして、徒らに物質的安心法をのみ是れ叫んで、一点理想的安心法に思ひ及ばざりし事を悲み、併せて翁の心が此の理想的安心法に思ひ及ぶ能はざることを痛惜す。

此理を推して吾人は、更らに女性の独居的生活に及ばんと欲するなり。多病不健全なる者、遺伝性悪疾ある者の如きは、皆な此の必要なる事情の下に結婚の希望を断絶せざるべからず。而して尚ほ婦人が独居的生活を要求すべき当然の理由として承認せざるべからざる者あり。例へば我が心に定めたる男子にして、却て他の婦人を娶りたるが如き、或は其の男子にして溘然死亡したるが如し。翁をして言はしめば、然らん時は覚悟を改めて他に転心すべしと説かん。然れ共吾人は、其愛情を進めて理想的大自在の域に至らんことの、更らに歓楽多き場合あるべきを信ずるなり。而して尚大なる独居的生活の理由に遭遇する者あり。我が愛する人を得ざる事即ち是れなり。愛なきの結婚は即ち罪悪なり。誰か之を強制するの権力あらんや。敢て問ふ、翁は之を如何に解釈せんと欲するか。

畢竟するに福澤翁が女学論の徹底せざるは、其の宇宙人生に対する哲理の明断ならず、其信仰の浅薄なるに基ひす。福翁百話に曰く、

……宇宙の大機関は不可思議に出来たるものにして、特に之を造りたるものあるを見ず、

……偶然に出来たる大機関にして、吾人々間も亦偶然に生れて、正しく其機関中の一部分なれば……自ら其分に満足して、大機関の不可思議を観じ、仰で其大なるを讃し、俯して自ら小なるを悟ると雖も、之が為に謝恩の一念は発起するに由なし。

又曰く、

既に世界に生れ出たる上は、蛆虫ながらも相応の覚悟なきを得ず。即其覚悟とは何ぞや。人生本来戯と知りながら、此一場の戯を戯とせずして、恰も真面目に勤め、貧苦を去て富楽に志し、同類の邪魔せずして自ら安楽を求め、五十七十の寿命も永きものと思ふて父母に事へ、夫婦相親しみ、子孫の計をなし、又戸外の公益を謀り、生涯一点の過失なからんことに心掛るこそ蛆虫の本分なれ。

看よ、翁の思想は曖昧なる物質主義にして、浅薄なる快楽主義のみ。此の根抵に築きたる『新女大学』が、平凡なる俗人の思慾《(ママ)》を代表するに過ぎずして、一点新日本の女性の為めに行路の灯火を与へざる、豈に深く怪むに足らんや。『新女大学』は毫も其名称に沿ふべき実価を有たざるなり。寧ろ翁の大名の為めに世人を誤るなからんかと、窃かに憂慮せずんばあらず。妄言多罪。

（明治三二、一二、二六―九『毎日新聞』）

●――明治の代表的キリスト教的社会主義者木下尚江《きのしたなおえ》（明治二―昭和一二。一八六九―一九三七）が、島田三郎の下で記者をしていた当時、『毎日新聞』に、松野翠の筆名で載せた福澤批判。福澤の女性論が、現実的な立場から、もっぱら家庭婦人の幸福を目標としたのに対して、尚江は理想主義的な立場から、独身女性の存在理由を強調し、精神的な愛情を重視している。福澤は世上普通の女性の最大多数の幸福を考えているのに対して、尚江は特に知的、精神的水準の高い少数の女性に焦点をあてて論じているのである。尚江の論は、いかにも明治浪漫主義時代の青年らしく、純真で、熱っぽい。福澤との世代の相違を思わせるものであろう。

◉――尚江は翌三三年六月一八日の『毎日新聞』にも、松野翠の筆名で、「福澤翁と井哲博士」という短文を載せている。福澤を評して、「翁の世界及び人生に対する思想極めて浅薄、以て一時の戦士たるべきも、以て百年の師範たるに足らざるなり。翁の言ふ所は、畢竟下等の常識のみ」と言うとともに、井上哲次郎に対しては、「井哲博士の哲学論なる者、また常に粗笨にして、実は学者の不名誉を表白するに過ぎず」とし、井上が福澤の『修身要領』を教育勅語の忠孝主義に違反するものと非難しながら、「翁の独立自尊主義と博士の所謂忠孝主義との正邪優劣を言はざるは、是れ偽君子の行為にして、学者の恥辱に非ずとせんや」と断じている。

38 修身要領を読む

幸徳秋水

（上）

福澤翁選する所の修身要領、『今日の男女が今日の社会に処する道』を説て、別に一隻眼を具し、尋常腐儒の決して企及し能はざる者あり。洵に近時教育界に於ける貴重の産物たることを疑はず。而も吾人は一読して、甚だ隔靴の感をなし、再読して悚然として恐るるを禁ぜざりき。何為れぞ夫れ然るや。

修身要領第一条より第二十九条に至るまで、所謂独立自尊の主義を以て一貫す。而して翁は此主義を解して曰く『心身の独立を全うし、自ら其身を尊重し、人たる品位を辱めざるもの、之を独立自尊の人と云ふ』。曰く『独立自尊の人は自労自活の人たるべし』、曰く『身体を大切にし健康を保つべし』、曰く『進取確取の勇気あるべし』、是れ即ち独立自尊主義定義の大要也。如是くんば、吾人は独立自尊主義に於て毫も間然する所なく、其個人の人格を全うするが為めには極めて必要の物たることを信ず。然り、真とに必要也。然れども『今日の男女が今日の社会に処する』、果して独立自尊を実にせりと云ふを以て、直ちに其の本分を全うしたりといふことを得べき乎。

人集まりて国家を為す。其人や即ち常に国民の一人たるを忘る可らざるが如く、人の社会を為す

や、其人や必ず常に自ら其社会の一分子たるを忘る可からず。（中略）

而も福澤翁の修身要領や、一に重きを個人の独立自尊に置きて、社会に対する平等調和及び公義公徳を訓誨するに至つては、頗る冷淡に過ぐるを覚ふ。其第十三条より第十九条に至るの間は、多少社会に対するの道を説くが如しと雖も、唯だ『健全なる社会の基は、一人一家の独立自尊に在り』と云ひ、『社会共存の道は、相犯すことなく、自他の独立自尊を傷けざるにあり』と云ひ、『報仇は野蛮なり』と云ひ、『人に交はるに信を以てす可し』と云ひ、『礼儀作法は交際の要具』と云ひ、『己れを愛するの情を拡めて他人に及ぼし、其疾苦を軽減し、其福利を増進するに勉むるは、博愛の行為にして、人間の美徳なり』と云ふに過ぎずして、而も是等皆な独立自尊の為めなりとして、又個人が社会全般の福利増進の為めに犠牲となるの、本分、責務、徳義たるを説くことなし。而して吾人は、其第二十二、二十三、二十四条に於て、軍事に服し、国費を負担し、外患あれば生命財産を賭して敵国と戦ふべしと云ふを見て、寧ろ進んで、大に全社会民人の為めに身を殺して仁を為す底の高尚なる道義を説かざりしを惜む也。（下略）

（下）

蓋し独立自尊は、個人自由主義の骨髄枢軸たるもの也。吾人は欧洲列国が能く君主専制の桎梏を脱却して、十九世紀文明の光輝発揚し得たる者、実に個人自由主義の賜なることを知る。而して我国今日の文明や、亦た福澤翁が個人自由の主義を伝へて、以て一代の思想を改革せしの功与つて大に力あることを知る。然れども世運は日に変転す。干羽《かんう》の舞は以て平城の囲みを解く可らず。個人主義的文明は果して何時迄か其光輝を保つことを得べき乎。（中略）

修身要領も亦博愛を言へり。然れども唯だ『己れを愛するの情を拡めて、他人に及ぼすは美徳なり』と云ふに過ぎず。然り、愛己の情を他人に及ぼすを以て美徳とするも、未だ利己の心を離るる能はざる也。『他人の権利幸福を尊重する』も、『人に交るに信を以てする』も、皆な『独立自尊』の為なりといふ、尽く其利己心を推及するに非ざるはなし。是れ豈に真個の道徳といふを得可けんや。夫れ真個人間の道徳は、マジニーの言へるが如く、個々其社会に対して其責任義務を尽すに在り。其報償を望むに在らず。報償を望んで為すの人は、猶ほ自己の影を趁ふて走るが如きのみ。苟くも報償を望まず、其社会に対するの責任義務を全うせんが為めには、一身一家の幸福をも抛つべし。財産生命をも擲つべし。如此にして初めて大君子も出でん。大改革者も出でん也。

故に独立自尊の教は、必ず調和平等の徳に伴はざる可らず。自愛の念は、必ず博愛の心に伴はざる可らず。若し夫れ調和平等の徳之を利することなく、博愛の心之に随ふことなからん乎、独立自尊、個人自由の主義は、直ちに不徳なる利己主義となり、厭ふべき弱肉強食とならずんばあらず。而して是れ実に今日の実状にあらずや。

然り、今日の憂ひは実に個人主義の弊毒其極点に達せるに在り。利己主義の盛んなるに在り。自由競争あつて、平等調和なきに在り。個人あつて国家なく、国家あつて社会なく、換言すれば、社会に対する公義公徳を以て一身を律するなくして、唯だ一身の利害を以て社会の福祉を左右せんとするに在り。此時に於て、実に社会的調和と平等、公義と公徳を説かずして、個人的独立自尊のみを訓ふ、是れ実に火を救はんとして油を注ぐ者、其結果や寒心すべき者あるを覚ゆる也。

吾人は世間曲学の人の如く、単に忠孝の二字なきを以て漫に修身要領を批難する者に非ず。唯だ其真個社会的観念を以て義勇奉公の心を奨励するの条目なきを惜む。若し果して之れ有ることを得ば、忠孝は自ら其中に在らんのみ。

（明治三三、三、六―七『万朝報』。明治三五刊『長広舌』。改造文庫『幸徳秋水集』）

◉――明治末年の大逆事件で刑死した社会主義者幸徳秋水《こうとくしゅうすい》（本名伝次郎。明治四―四四。一八七一―一九一一）は、もと中江兆民の高弟で、明治三十年代前期に、内村鑑三らとともに『万朝報』に健筆をふるったジャーナリストである。これは彼が、福澤の「修身要領」の欠点として、個人の独立自尊にのみ偏して、社会の平等調和や公義公徳に関する立言の粗に過ぎることを難じたものである。

◉――しかしながら、秋水が福澤の人物思想に相当の敬意を抱いていたことは、福澤の没した時の弔文「平凡の巨人」によってうかがわれる。〈維新以来、木戸・西郷・大久保・岩崎の如き人材が輩出したが、これらは皆非凡の巨人である。平凡の巨人ともいうべきは、福澤翁一人あるのみ〉として、

吾人の特に翁に傾倒する所以の者は、其学問文章に在らずして、其人物に在り。平凡の巨人たるに在り。翁や実に其平凡に安んじて、其非凡なるを希はざりき。（中略）吾人は千百の非凡の巨人あらんよりは、一個の平凡の巨人あらんことを欲す。而して今や此人亡し。惜む可らずや。

と言っている。（明治三四、二、六『万朝報』。『長広舌』。改造文庫『幸徳秋水集』。『幸徳秋水全集』三）。

◉――幸徳ら当時の社会主義者の福澤批判は、内村鑑三らキリスト者の所論に比して、割合に寛大で、

その数も少ない観があった。その点につき、家永三郎氏は、「福澤の思想家としての影響力がすでに著しく稀薄となっていたこの時期（明治三十年代初頭）のことであるから、社会運動の陣営の側では、福澤をもはや全力をあげて撃たねばならぬほどの相手として見ていなかったのではなかろうか」と推測されている。（現代日本思想大系『福澤諭吉』解説五二）。けだし当れるに近いものであろう。

39 大西祝

啓蒙思潮の先導者（仮題）

（上略）我が国に於ける維新以後の啓蒙的思潮も、猶かの古代希臘に於いてミレートス学派を初めとしたる物理的思索、欧洲の十八世紀に於いてルネサンス時代このかた勃起したる自然科学が、其の啓蒙的思潮の遠因又は近因となりし如く、西洋学術の輸入こそ其の大原因を為したるものなれ。西洋物理の学が、如何に我が国民の頭脳を変ぜしめたるぞ。又維新以後、法律政治等人事上の新学問は、先づ主として仏国第十八世紀の啓蒙思潮の産物を輸入したりしものにあらずや。我が国維新以後の啓蒙的思潮と、かの希臘の古代に起こりたるもの、及び欧洲十八世紀に起こりたるものとの比較は、吾人を教ふるに足るもの多し。その状勢の如何に符節を合するが如き所あるかは見るに難からざるべし。試に、かの口々に文明開化と叫びたる時代を回想せよ。其の時代の最好代表者、其の思潮の著大なる先導者福澤諭吉翁を思ふ毎に、予輩はヴルテールを想起せずんばあらず。我が国の啓蒙思潮の、一時如何に非歴史的なりしぞ、如何に非美術的なりしぞ。広く世界に智識を求め、通理公道に従ひ、文明開化を進めんためには、歴史の連鎖を破ることに躊躇せざりし其の革命的、進取的、世界的精神の、如何に一時雄壮偉大なりしぞ。其の非歴史的なりしの反動として、国粋保存論等の起こりしこのかた、如何に頓に其の思潮の方向の転じたるぞ。而して此の転変は、先きに啓蒙的思潮の欧洲の思想によりて催起されたる如くに、亦実は欧洲思想の推移の後を追ひたるものなり。そは非歴史的なりし第十八世紀を経過して、今世紀へ入りて後は、歴史の研究大に起こり、従つて歴史的に成り立てる（マヽ）のものの価値を了解することに向かひゆき、哲学上にはかのヘーゲル学派の如き、深く歴史的精神を以て充てる学説の隆起したるあり、又自然科学も、単純なる物理界より進んで生物界に入り、従うて歴史的の見様を具へたる進化説の盛んに唱道せらるることとなり、歴史的研究の声は、反響の如く諸種の学科の範囲に呼応せらるるに至りたり。搗てて加へて、独逸の学者等が、第十八世紀の自由平等の主義に代へて国家主義てふものを唱ふるあり。而して我が国に於ける歴史的回顧及び国家主義の唱道は、亦是れ欧洲思想の後を追ひたるもの、寧ろそれに因りて影響され挑発されたるものなり。所謂欧化時代の思潮のみが欧洲の思想に動かされたるにあらで、非欧化的思潮そのものが、亦同じく然るなり。

一時勃然として起こりし啓蒙的思潮が、未だ其の成し遂ぐべき事の半ばをも成し遂げざるに、既に早く歴史的回顧を事とし、歴史の連鎖を破ることを以て何物よりも恐るべき事となし、歴史に拘泥するを以て家国（マヽ）に忠なるものと誤想し、而して此の誤想が、近時如何に我が教育界を固陋頑迷偏狭の弊に陥らしめたるぞ。啓蒙的思潮が、一時何の方角に於いても頑強なる抵抗を受けず、政府は寧ろ人民に先んじて此の思潮を誘致したる為めに、仏蘭西に於ける如き衝突の惨状を呈せざりしは、一面国家の為めに祝すべきに似たるも、其の思潮の温和に過ぎたりしを恨むべきの理由も十分あり。予輩は此の点より見て、維新以後の啓蒙的思潮が、今一層の革命的精神を以て猛進せざりしことを悲まずんばあらず。今日に至るまで、福澤翁が尚当年の啓蒙的思潮の精神を持続し、特に最近其の声を大にして此の精神を鼓舞せんとせらるるを見ては、予輩は翁に対して同情を寄せざるを得ず。何ぞ歴史的差別と歴史的連鎖とに拘泥して、革新進取の気象を失へることの甚しきや。何ぞ文学、哲学、宗教、道徳、義理、人情に於ける非歴史的なる一大方面を掲ぐることの衰へたるや。

（明治三〇、一〇、一〇『国民之友』三六二号。『大西博士全集』六）

◉——明治中期、理想主義的哲学者、批評家として将来の大成を期待されながら、若くして逝いた大《おお》西祝《にしはじめ》（号操山。元治元—明治三三。一八六四—一九〇〇）の「啓蒙時代の精神を論ず」という論文の末段である。〈欧州の歴史において、〝啓蒙〟（アウフクレールング）の時代と称すべきは、古くはギリシャのソフィストやソクラテスの出現した時代であり、近くは十八世紀のフランスを中心としたそれである。欧州十八世紀の啓蒙思潮の特色は、一、個個人の理解力を基準とし、伝統の権威には服従しない。二、何事も直截簡明を喜び、たやすく理解し得ないものは、無益または誤謬として切捨てる。三、自然科学の眼孔を以て万事を見るから、普遍的法則を重んじて、歴史による具体的個別性を顧みない。四、知識の普及につとめる。以上の如き傾向を有した。したがって、その欠点としては、神秘幽玄の趣に欠け、大なる哲学や文学や美術などを生じにくい。十八世紀のフランスは、この啓蒙思潮のもとに、ルソーの自然説を生み、フランス革命を起し、社会主義の萌芽を発し、自然宗教の運動となり、百科全書派の活躍となった。わが明治維新以後十数年は、まさにかかる西欧啓蒙思想の影響を受けた時代で、福澤諭吉をその代表者とする。しかるに十九世紀に入ると、ヨーロッパにおいて歴史研究が盛んとなり、普遍的法則よりも、歴史的個別性を尊重する風潮が高まるに及んで、日本も近年その風を受け、歴史的回顧や国家主義の気運が支配的となった。その結果は、維新当時の革新的気魄を失い、思想界、教育界に固陋頑迷の弊の著しいのが現状である。啓蒙主義にもともと長短利弊はあるが、今はよろしく明治初年の啓蒙時代に返るべきだ〉というのが全篇の趣旨である。

大西は東京大学哲学科出身（明治二二年卒業）であるが、それ以前、同志社で新島襄の薫陶を受け、また二四年以来、東京専門学校（後の早稲田大学）の講壇に立っていたから、その思想や学風には、私学的自由主義の体臭が強かった。純東大系の井上哲次郎の国家主義や、高山樗牛の日本主義などが、日清戦争前後の思想界に保守的気分を盛上げたのとは、はっきり立場を異にしたのである。晩年の福澤が、井上・高山ら官学主流派の眼には、もはや陳腐な文明主義者としか映らなかったのに対して、カントの理性主義に立つ新進批評家の大西が、時弊を洞察して、福澤の啓蒙精神の意義を高く再評価したことは、確かに注目すべき見識であり、福澤のために知己の言というべきであろう。

40 『福翁百話』を読む

綱島梁川

『福翁百話』一篇、明治の先覚者福澤諭吉氏が、世路の幾崢嶸《さうくわう》を閲《けみ》し来たれる半生の観察、傾瀉してまた余蘊なし。説くところ、必ずしも聯絡を求めず、秩序を追はず、題に応じ境に莅《のぞ》みて其の懐抱を抒《の》べたるもの、まま論理の埒を逸して前後矛盾の観を呈するが如きこともなきにはあらねど、一家の卓見、随処に閃出して、其の標（ママ）を貫かざれば已まざるの概《おもむき》あり。（中略）之れを一篇達人の処世経也といふも亦妄ならざる也。

福澤氏は学者にあらず、論客にあらず、はた政治家にもあらず。社会の先覚者なり、教育家なり、否、むしろ僧正なり、説教者なり。社会は氏の寺院にして、宗旨は西洋文明宗也。「何かの機会に触れて凡俗の先導者たらんこと、我輩の願ふ所也」の一語、以て氏の抱負と天職とを知るべし。世にも氏の如く熱心に、気長く十年一日、西洋文明宗を奉ずるもの復とありや。（中略）開国三十年、世運の一波一浪につれ、俗論幾たびか世に媚び人《ひと》を謬らんとせしも、惟り氏の文明主義のみは屹として動かず、常に世論の紛々を一笑に附して、遠く眼を将来の天地と世界の舞台とに注げり。吾人は此の点に於いて、氏が見地の時流を超出せる高きこと一等なるを想はずんばあらず。（中略）

言ふまでもなく、氏の所謂文明は、主もに社会の物質的方面に偏したるものなり。されど、氏を以て全く霊界の消息に通ぜざる者といふは、吾人の信ぜざる所也。氏は固とより一派一流の宗旨を奉ずるものにあらず、また今の所謂宗教に信を措くものにあらずとは、氏自らの明言する所なれど、時に天地の灝気《かうき》に触れて、我れ知らず縹緲たる虚霊の界に神遊するの高調なきにしもあらず。書中「宇宙」、「天工」、「天道人に可なり」の諸篇、吾人の言の誣ひざるを証す。曰はく、

天機の広大且つ無偏なる、宇宙の万有おの〳〵其処を得て、無量円満ならざるものなし。日月星辰の大より、地球を始めとして、地球面の禽獣草木昆虫の微に至る迄、吾々人類の如き精神あらば、各自家の境遇に安んじて、必ず満足の意を表することならん。又これに満足すると同時に、之れに謝するの目的を得ずして、悠々自から居ることならむ。（略）万有を数へつくして宇宙なし。万有中の孰れか主にして孰れか宗なるや、到底区別すべき限りにあらず。吾々人間も亦その中の一微塵なれば、自から其分に満足して、大機関の不可思議を観じ、仰いで其大なるを讃し、俯して自から小なるを悟ると雖も、謝恩の一念は発起するに由なし。

云々と。又曰はく、

唯一不変の天道、謝せんとして謝すべからず、怨まんとして怨むべからず。是れ其広大なる所以にして、吾々人間の分として、敢て之れを拝謝せざるは、怨望せざるが故なりと知るべし。

と。おのづから是れ凡（汎）神教の旨に通ずるの見地。而して氏は、宇宙を以て一個の有機体と見做し、我もまた其の一肢体をなせる者として、此処に悠々安立の脚を托せんとせるを見る。かの宇宙以外、万有以外に、造物神を設けて之れに一切操縦の権を帰し、一にも神意、二にも神徳とありがたがる

一部幼稚なる宗教徒に比すれば、其の識見の高下、もとより同日の論にあらざる也。而かも其の天地の大を歎美し、天道の流行を信じ、宇宙の不可思議に驚くに至りては、これ正さしく一種の宗教的意識の煥発せるものといふべし。氏は更に進んで、天道約束の緻なるを認め、因果応報の理の照著なるを論じては、曰はく、

　人を殺すこといよ〳〵多くしていよ〳〵巧なるものは、強国の名を成し、事の局に当て種々の凶策を運らし凶行を遂げたるものは、政治家と呼ばれ、軍略家と称せられ、忠君愛国等の名を成して、世界に之れを怪むものなし。是等の事実を見れば、天道は人の悪事を止むるにあらずして、却て之れを教唆するものの如し。人間は天理の寓する一塊肉なりといふも、渾身理の所在を見ず云々とて、立言の旨自ら事実に証して無稽ならざるが如くなれども、我輩の見る所を以てすれば、此種の議論は事実の始末を狭き区域に限り、原因結果の応報を急にして、未だ天道の大なるに思ひ至らず云々

と。又曰はく、

　善悪禍福両々相対して、盗跖は誅夷せられ、顔淵は寿なるべき筈なるに、浮世の実際は往々齟齬して、時としては反対の事相を見ることなきにあらず。蓋し天道の広大、人間の無智、大機関の運動は、人智を以て測るべからず。吾々は只今の実際に現れて吾々の耳目に触れたる事跡に徴し、因果応報の真実無妄なるは、有形界も無形界も正しく同一様にして、到底瞞着すべからざるを信じ、言行共に悪を避けて善に近づき云々

と。天道果たして善に福し陰に禍すべき乎。ああ是れ古来哲学上、倫理上、宗教上の一大問題にあらずや。約百の大煩悶を始めとし、古来幾多の聖賢にして、此の一関を経過せんが為めに、煩悶せざりし者幾人ぞ。苟も此の疑問を釈し得て、了悟の域に入れる者、是れ達人也、覚者也。思ふに天道の大にして其の約の繳なるを信じ、人智の小を笑うて円満なる天地を望める福澤氏の如きは、夫れ一代の覚者達人なる乎。

されど福澤氏には尚ほ他の一面あり。氏は人生を以て一場の遊戯と観ずるの人也。氏の意に謂ふ、観じ来たれば浮世はこれ一場の大夢、「政治も経済も都て是れ浮世の戯れにして、其名利の成功は唯児戯の佳境に入りたる者に過ぎず」、「我輩が社会先達の士人に向て望む所は、其人々が凡俗に雑居して、共に俗事を与にしながら、心事は則ち一段の高処に構へて、独り俗界を離れ、等しく浮世の戯を戯るる中にも、時に自ら醒覚して、戯の戯たるを悟るの一事なり」、社会の先導者、醒覚者とは畢竟人生の空にして戯なるを悟れる者に外ならずやと。此に至りて吾人は、一個の殊なる福澤氏の面目を見る。前に天道を説き、応報を説き、活動進歩の主義を説きたる氏は、ここには其の影を滅して、未だ全く東洋魂を脱せざる氏の一面の風采、髣髴として吾人の眼前に浮かび来たる。一方には敬畏歎美の念を持して宇宙人生に対し、他方には人生畢竟空の空なりと観ず。一方には一塵裡に天を見、我れ自身亦天理の寓なるを認むると共に、他方には人は偶然此世に眠食して、一夢忽ち痕を留めざる浅ましき蛆虫と観ず。前には天地人生に荘重なる意味を附し、後には之れを一場の遊戯と見る。ああ是れ両立すべき観なる乎。此の書に向かつて論理の統一を要むる、或は酷なるべし。而かも事苟も人生の根本見地に関して、此くの如き両様支吾の見を執れるに至りては、吾人惑はざるを得んや。矛盾はこれに止まらず。氏曰はく。

既に世界に生れ出でたる上は、蛆虫ながらも相応の覚悟なきを得ず。即ち覚悟とは何ぞや、人生本来戯と知りながら、此一場の戯を戯とせずして、恰も真面目に勤め、貧苦を去りて富楽に志し、同類の邪魔をせず

云々と。本来真面目と信ぜずして仮りに真面目なるが如く、戯れと知りながら本気なるが如くに勤めよとの言、調の軽浮はいはず、是れ取りも直さず人に偽善を勧め、矯飾をすすめ、言行を二にせよと奨むるものなり。真に人生を戯れと信じ空と信ずるものに向かつて、いかで其の行為の真面目なるを望み得べき。真面目ならずして強ひて真面目らしくせよといふ、吾人は辞の尚ぶべきを知らず。あはれ氏が一生を賭して世道の為めに尽くしたる幾辛酸も、畢竟は戯と知りながら、社会の約束上已むを得ず、自ら欺きて真面目らしく仮装せし云為に過ぎざりし乎。さあれ、氏がこの観をなすに至れるには自づから理由あるべし。おもへらく、人已に此の世に生を享けたる上は、社会の約束に従うて業務に服せざるを得ず、これ事の実際也。如何に人生を戯と知り無常と観ずればとて、実際はおのづから実際の事あり、是れを做す、即ち吾人の義務なり、而し事を做すは、人生を軽く見るに如くなし、人生本来無と観ずればこそ、事に膺《あ》たりて執せず熱せず、随うて躊躇せず周章せずして、克く断じ、能く活動するを得べきなれと。吾人揣摩の言、若し誤らざらんか、氏は処世の便宜より割り出して人生観を作れるにて、人世（生）観より割り出して処世法を定めたるにはあらざる

が如し。即ち実際界の活動を妨げ事を破るものは、兎角吾人の熱意執著なるに、若し人生を軽く見て、本来之れを無と観ずれば、何にか熱意し、何にか執著せんと、かく見て実際処世の便宜上より人《人生》を戯と観ずるの利なるを認めたる也。ここに知る、氏は其の慣用の功利的、俗慮的方便として、人生を軽視するの一見地を造り出だせる事を。人生を軽視するの、実際の方便として最も妙なるを観じたることを。（中略）嗚呼、此くの如き人生観は、ただ機敏円転なる当世一流の社交的才子を生ずるには足らんも、そは到底主義あり熱誠ある真骨頭の人を生ずるに足らざる也。或は恐る、福澤氏の主義を評して、西洋一面の事功的文明主義に小乗教の衣をかけたるに外ならずと言ふものあらんを。

福澤氏の処世法のモットーは、円転滑脱主義也。鋒鋩を露はさざるにあり、鋭を包むにあり、如才なく立ち廻るにあり。其の「鋭き鋒をつつむで風采を優にせよ」といひ、「過言赤面も愛嬌の端」といひ、「外面には優美を装ひ、他をして容易に窺ひ知るを得しめざれ」といふ。吾人は恐る、これ皆偽善矯飾をすすむる一種の滑脱主義に外ならずと言ふものあらんを。

『福翁百話』一篇、要するに吾人心霊の深処を燭らす一味天上の火を欠きたり。而かも、其の独立を説き、労働を語り、話頭、社会の各方面に渉りて、鋭利なる直観、時に世相人情の髄を刺すものあるに至りて、吾人はそぞろに斯翁特得の面目を想見せずんばあらざるなり、況んや遠く眼を千載の後にそそぎて、諄々世の浅見者流を教化す一道の真気、人を打つものあるに於いてをや。文辞平明酣暢、間〻一種の市気あるを免れざれど、流石に破格蕪雑の難ずべきもの尠く、時に俗言をまじへ俚語を裁して、姿態あり、情趣あり。苟も多少文字の眼あるものには、一読して其の要を解しがたきが如きところなく、懇到周細意つきて筆つきざる底の書きぶり、これまた斯翁特得の技、他の摸し得べからざる所也。

漫に先輩の著に向かつて批議を試む。辞の礼に嫺《なら》はざるものあらば、幸に恕せよ。

（明治三〇、九『早稲田文学』四一号。明治三八刊『梁川文集』。『梁川全集』四）

◉——明治中期の早稲田派の論客で、大西祝に師事し、早くからキリスト教の深い影響を受けていた特異な思想家綱島梁川《つなしまりょうせん》（本名栄一郎。明治六―四〇。一八七三―一九〇七）の福澤観。『福翁百話』の価値を認めながらも、人生遊戯観の一点に承服できなかったことは、植村正久の立場と相通ずるものがある。あくまで理想主義的、浪漫的な青年論客梁川には、福澤の達し得た老境の心事に共感されなかったのは無理もない。単にそれを偽善的円転滑脱主義と解したのは、皮相のきらいを免れぬであろう。

◉——梁川の福澤論には、その後の執筆にかかる「福澤翁の『修身要領』を読む」（明治三三、四『教育学術界』一の六）、「福翁の人生二面観」（明治三四、一『教育学術界』二の三。『梁川文集』。『梁川全集』四）等がある。「福翁の人生二面観」は、「『福翁百話』を読む」の趣旨をさらに詳論し補説したもので、福澤の人生遊戯観を以て、〈真面目を装うての戯れなるか、然らざれば戯れを装うての真面目なるか、その何れを取るも、ここに人を動かす至誠と熱情とを認むること能はず〉として、そのあまり浅露に過ぎることを真剣な態度で追究しているが、この梁川の論も煩瑣な形式論理に拘泥して、独り相撲に堕した感がある。

41 福澤翁の『新女大学』を評す

津田左右吉

福澤翁が『女大学評論』は、正鵠を失するふし頗る多し。さらに其の『新女大学』を読むに、説くところの条々、これはおほむねわが意を得たること多し。特に女子教育の基礎は家風の美にありといひ、家の美風の最も大切なるは家族団欒相互に隠すことなきの一事なりといひ、子をば自ら乳を授けて養ふべしといひ、婦人の気品を維持するには、他を犯さずして自ら重んずること肝要なりといひ、談笑の間にも非礼野鄙の言行あるべからずといふなど、啻に一般婦人の心得として大切なりといふのみならず、最も深く現代の時弊に適中する教にして、今の女子たるものの必ず遵奉せざるべからざる要項なり。其の他、女子をして理財及び法律の要義を知らしむるを要すといふも、わが異議なきところにして、舅姑に対する心得、下女を使ふ心得を説く条など、さすがに世故にたけたる翁の言として傾聴すべき価値ありとす。（中略）条ごとに読みもてゆけば、一、二のほか、殆ど間然するところなきを見る。されど全体の上より概見すれば、なほ重要なる闕陥なきにあらず。乞ふらくは其の要を言ふを得んか。

一、「女大学」としいへば、其の説くところ、男子ならざる女子に対する特殊なる教訓を含蓄せざるべからず。『新女大学』は、母として、また妻としての心得ともいふべきものの一、二を説きたりと雖も、男子に異なりて、女子に特有なる天職、妻として夫に対する倫理上の本分を教へず。「女大学」といふ題目に対して、考慮の浅薄なる憾あり。

一、女子の教訓に関して、精神的訓練を軽視したるが如き嫌ひあり。学問は「物理学を土台にす」といふこと、われ未だ其の真意を了解する能はずと雖も、物理学は所詮物質界に於ける自然の法則を知るものたることといふまでもなければ心霊界に関する智識並びに教訓はこの中に含蓄せられざること勿論なり。其の、茶の湯・生花・歌・俳諧等を以て、単に遊芸として人生の行楽事なりといひ、其の、婦人の精神的修養に至大の関係あるを認めざるが如きも、また同じ思想より来れるものなるべし。これわが最も遺憾とするところなり。

一、嫁として舅姑に対する心得を説きたる条は、われ深く『新女大学』著者が苦心のほどを認知し、また頗る其のいふところに賛成するものありと雖も、父子別居の制は果して今日に実行せらるべきか。殊に同居しながら、世帯を別にし、かまどを別にせよといふが如きは、啻に実行の困難なるのみならず、全く従来の家族制度を破壊するものなり。（中略）仮に新旧両夫妻の別居は、両者間に平和の関係を維持せんとする最良の法なりとするも、単にかくするが便利なりといふことは、もつて姑の嫁に対し、嫁の姑に対する倫理的命令の基礎とするに足るか。また、これをば、著者が家制の改革意見として発表するはよけれど、かかる風習の普及せざる今日、女子をして遵奉せしむべき訓誨書たる「女大学」に於いて之をいふは、思想の未だ定まらざる現時の女子を誤ることなきか、兎にも角にも軽率の譏りは免れざるべし。

一、「女大学」は女子に対する訓誨の書たるべし。この巻に於いて、男子の不品行を攻撃するは啻に見当違ひなるのみならず、其の弊却つて女徳を傷つくるに至るが如きことなきか。女子に対する男子の心得は、別に説くこそ至当なれ。

一、不幸にして夫死したる場合に於いて、年若き婦人は再婚するを可なりと主張せり。（中略）家の境遇と事情とによりては、再縁の已むべからざるものあるべく、必ずしも之を非難するを得ずと雖も、事情の許す限り亡夫の家を守るは、むしろ情深く義高きにあらざるか。再縁はたとひ非難せざるも、強い《（ママ）》て主張するの要なしと信ず。

一、終りに臨んで一言すべきは、『新女大学』の文章が甚だ散漫冗長にして、女子が一生身を保つ宝として、唯一の訓誨書たるべき「女大学」てふ標題を冠するにはふさはしからざることなり。処々議論めきたるふしあるは、新意見を発表せんとするに当りて避くべからざる事情あるべければど、意見は意見として別に示すの道あるべく、議論は議論として本文の註釈となすもよかるべし。「大学」の二字を冠する以上は、いま少し文字の謹厳ならんことを望まざるを得ず。（中略）全篇説くところ、単に之を翁が意見として見れば、われむしろ其の穏当の見たるを認むと雖も、之を「女大学」として女子の宝典とするに至つては、未だし未だしといはんのみ。

（明治三三、一〇、二九『毎日新聞』。『津田左右吉全集』二一）。

◉——大正昭和の卓抜な歴史家津田左右吉《つだそうきち》（明治六—昭和三六。一八七三—一九六一）が、青年時代

に黄昏庵の筆名で『毎日新聞』に発表したもの。老年の福澤の意見に対して、二十歳代の筆者の方がよほど保守的な見解を示しているのが注目される。

42

明治文壇最初の新文学者（仮題）

岩城準太郎

げに思想界の嚮導としての福澤は極めて偉大なりき。而も彼の事業は独り之に止まらず、文学者としても亦新文壇に於ける最初の新文学者たる光栄を荷ふ者なり。勿論彼の文学者たるは、純文学の作家たる所に存するに非ずして、単に文体の上に在り。換言すれば、散文家翻訳家としての文学者たるに過ぎず。然れども従来の文壇に於ける誇大粗放の漢文と、優長迂遠なる和文との外、別に平易流暢の一体を創めて、新思想の発表と俗間の普及とに便したりしは、其の功績実に鮮少に非るなり。明治六年『文字の教』を草し、其の端書に曰く、「今より次第に漢字を廃するの用意専一なるべし。其の用意とは、文章を書くにむつかしき漢字をば成るべく用ひざるやう心掛くる事なり。むつかしき字をさへ用ひざれば、漢字の数は二千か三千にて沢山なるべし。此書三冊に漢字を用ひたる言葉の数、僅かに千に足らざれども、一通りの用便には差支なし。之に由て考ふれば、漢字を交へ用ふるとて、さまで学者の骨折にも非ず。唯、古の儒者流儀に倣ひて妄に難き字を用ひざるやう心掛くる事緊要なるのみ云々」と。彼が文章に対する第一の主張は漢字制限に在り。斯くの如きは、豈三十年後の今日、我教育社会が取りつつある方針の的確なる予言に非ずや。且其の文体と用語と、全然従来の型式を離れ、口語の語彙と語脈との大胆なる採用を試み、以て上掲の如き文語と口語との渾然たる調和体を創始せり。是豈に吾人が今日此の文を読んで何等の不思議を感ぜざるまでに、読み習ひ書き習ひたる普通文の範を垂れたる者ならずや。後年或は仮字のみを以て国語を記載せんとし、或は言文一致の文体を創始せるが如きは、皆其の源泉を茲に汲めりといふべし。げに彼の文体は自由なり、平易なり。明治思想を述べんには、斯くの如く自由ならざるべからず。之を民間に普及するには、斯くの如く平易ならざるべからず。正に是、時勢の要求此の文を起ししもの、明治文壇到る所に其の影響を残ししも亦宜なり。

福澤は又、世界の地理、歴史を童蒙に教へんが為に、明治二年『世界国尽』を著し、吟詠の中自ら之を諳《そら》んぜしめんとて、平易流暢なる七五調を以て一編を始終せり。此の書一度出でて到る所節調を附して吟誦せられ、其の吟調相伝へて後日の軍歌調となれり。而して其の文章も、冒頭「世界は広し万国は」より始めて、没趣味なる地理歴史の叙述に過ぎざれども、其の記載の対象により、興来り情昂る時は、文字精彩あり、声調昂揚して、一段の詩味を帯ぶ。特に英京を叙する所、及北米合衆国の歴史を謳ふあたりは、宛然後年『新体詩抄』の詩調を喚起したる先声なるの観あり。彼は又、英人チャムブルの『モーラル・クラス・ブック』を訳して『童蒙教草』と題し、例の平易自由なる文体を以て童蒙の訓話を記載せり。是亦、後の童幼の読み物の所有《あらゆる》種類に採用せられたる文体の嚆矢にして、別しては翻訳文の最達したる者の一なり。固《も》と是、教訓書にして文学上の作ならざれば、翻訳文学とは称するを得ずと雖、唯其の文章の上より、同人の他の訳書と共に、頗る尊重を価すべき者となす。

要するに彼の文章は、平易と自由と暢達とを以て特色となし、之を以て『西洋事情』以来多数の著書論文を一貫せり。斯くして彼は、明治の文章に風体と用語との革新を加へ、一代の散文をして向ふ所を知らしめたり。其成功の著しき、彼が思想界に於ける成功に比べて必しも遜色なし。否、後者の成功は、半ば其文章の功績に帰せざるべからず。彼が明治文学史上に有する位置は正に此の点に存す。

（明治三九刊『明治文学史』）

◉——東大出身の新進国文学者で、明治文学史研究の先鞭をつけた岩城《いわき》準太郎《じゅんたろう》（明治一一—昭和三二。一八七八—一九五七）が、その古典的名著『明治文学史』において福澤を論じた条。福澤の文章史上の功績を明らかにして適切なものというべきである。

43 正宗白鳥

福澤諭吉の文章（仮題）

時に感じては花にも涙を濺ぐのを常例とした支那の大詩人杜甫は、「蜀相」すなはち諸葛孔明の祠堂に詣でて、「丞相の祠堂何れの処にか尋ねん。錦官城外柏森森《はくしんしん》。……師《いくさ》を出して未だ捷たず、身先づ死す。長く英雄をして涙襟《きん》に満たしむ」云々と詠じ、漢詩特有の対句、「階に映ずる碧草」「葉を隔つる黄鸝《くわうり》」などを、真中に挿入して、格調を整へ、過去の英雄を追懐して涙を流した。有名な七言律詩である。

「権助が主人の使に行き、一両の金を落して途方に暮れ、旦那へ申訳なしとて思案を定め、並木の枝にふんどしを掛けて首を縊るの例は、世に珍らしからず。今この義僕が自から死を決する時の心を酌んで、其情実を察すれば亦憐むべきに非ずや。使に出でて未だ返らず、長く英雄をして涙を襟に満たしむべし。主人の委託を受けて自ら任じたる一両の金を失ひ、君臣の分を尽すに一死を以てするは、古今の忠臣義士に対して毫も恥づることなし。其誠忠は月日と共に耀き、其功名は天地と共に永かるべき筈なるに、世人皆薄情にして、この権助を軽蔑し、碑の銘を作つて其功業を称する者もなく、宮殿を建てて祭る者もなきは何ぞや。」云々は、福澤諭吉が明治の初年に出版した『学問のすゝめ』のうちの一節である。「権助首縊り説」として当時世を騒がせたものであるさうだが、杜甫の名詩の詞句がここに活用されたところに、ユーモアがあり、皮肉があり、諷刺があるのではないか。支那思想支那趣味を極度に排斥してゐた当時の福澤の面目が、かういふ隠約の間にも却つてよく察せられるのである。「人皆云はん、権助の死は僅かに一両のためにして、其事の次第甚だ些細なりと。然りと雖も、事の軽重は金高の大小、人数の多少を以て論ず可らず。世の文明に益あると否とに由つて其軽重を定む可きものなり。」と云つてゐるが、明治の初年に「文明」といふ文字の有つてゐた魅力は、我々の想像し得られないほどに強かつたらしく、すべてを「文明主義」から割り出して説を述べた福澤の著書が、非常の勢ひで世に迎へられたのであったが、私は今日はじめてそれ等の書物を読んで、さして陳腐鈍昧幼稚浮浅の感じのしないのを、案外に思つてゐる。明治初期に実世間に活動した人、識者と呼ばれた人々の言行録、感想録などを読むと、大抵はどれにも時代相応の古さを覚えるのを例としてゐるが、福澤翁の行動、言説、感想には、阿呆らしく思はれるところが割合に尠い。旧習を脱却して直ちに事物の真相を見てゐる点では、世にも稀なる人であつたと、私は今になつて感じてゐる。（中略）

○

福澤は実学主義で、文学芸術には心を多く用ひなかつたやうであるが、最初から翻訳や著作をもつて身を立て、一生を通じて重要な事業として筆を採つてゐたのだから、文章についてはつねに思ひを致してゐたに違ひない。新時代向きの訳書や言論が頻繁に出版されてゐた維新直後に、福澤のものが際立つて世に流布して評判の高かつたのは、その文章の力にも依るのではなからうか。（中略）

福澤の執筆の際の態度は、論語に謂ふ所の「辞達而已矣《スルノミ》」であつたと思はれる。言語文章は自分の云ひたいことが他人に分ればそれで充分だと、孔夫子が道破されたので、支那でも日本でも、後世の文章家の多くが、作文の態度としてその格言を守つてゐるやうな顔をしてゐた。徳富蘇峰氏の「蘇峰文選」の巻頭の題言にもこの言葉が用ひられてゐたと私は記憶してゐる。だが、辞達するのみで満足してゐられないのは人間の常で、さま〴〵にお化粧をしたがるものだ。明治初年の洋学者の文章にもそれ相応のお化粧があつたが、福澤には殆んどお化粧慾が無かつた。爵位や勲章に興味がなかつたと同様に、文章を飾らうとはしなかつた。自分でも、「余が文筆概して平易にして読み易きは、世間の評論既にこれを許し、筆者も亦自から信じて疑はざる所なり。」と云ひ、その由来を述べてゐる。師緒方洪庵の放胆なる翻訳振りや、蓮如上人の御文章の感化を受けたことをも云つてゐる。「少年の時より漢文に慣れたる自分の習慣を改めて俗に従はんとするは、随分骨の折れたることなり。」と云つてゐる。大衆を念頭に置いて書かれたので、凡庸何の奇もなき書き振りであるが、「文明論之概略」「学問のすゝめ」「瘠我慢の説」などを読むと、歴史の洞察、活人生の批判に天品のきらめきが見られ、平坦素朴な文字の間に飄逸な雅致が感ぜられるのは不思議である。卑近な文明の輸入といふ任務を当時の天職としてゐたため、どれも〳〵不完全であり間に合せ見たいであるが、専念に、歴史でも哲学でも研究してゐたなら、その方面で大をなしてゐた人であらうと察せられる。一面独創力のなささうな、またその必要もなささうな、初期の彼れの著書に、独創の光を私は認める。「海舟座談」や「一年有半」の如き、その話者筆者は脱俗飄逸で非凡の人物であつたのであらうが、それ等の著書に私は何等独創の見解を認め得なかつた。

福澤の著書にしても、「福翁百話」のやうな晩年のものは、「福翁道話」とも云ふべく、文章こそ平淡にして、思ふところが心残りなく述べてあるやうなものの、心の働きが鈍つて、福翁式マンネリズムに堕した凡庸な修身話に過ぎない。独創家も順境に浸つてゐると、次第にかういふ風に好々爺然となり切るものであらうか。平淡も枯淡も、心に張りを失つた作家のでは、もはや文章の妙味はないのである。

徳富蘇峰氏は、「予には、福澤翁の文章よりも、福地君の文章が心を惹いた。これは何故であつたか知らぬが、半ばは予の所謂る文学趣味なるものが、福地君のそれと共鳴する所があつた為めかも知れない」と云ひ、また「今日から見れば、福地君の文章は、福澤翁の敵ではない。余事は勿論であるが、文章の一事に於ても、福澤の方が福地よりも、数等上であらうと思ふ。けれども、少年若くは青年の予には、何れかと云へば、福地君の文章が最も深く訴へた」（中央公論四月号所載）と云つてゐる。私などは、年少の頃は、時代が違つてゐたため、福澤の者は手に触れず、福地の幕府衰亡論など、それ等が民友社の出版であったため買つて読んだが、そんなものよりも、徳富氏の文章に一層私の心が惹かれた。深く心に訴へた。これは、予の所謂る文学趣味なるものが、徳富氏のそれと共鳴する所があつた為かも知れない。ところで、私は、今文学趣味について考へるに、福澤翁の初期の作品が、福地氏のよりも徳富氏のよりも文学趣味に欠乏してゐたであらうか。少し大袈裟だが、ツルゲネーフの小説の方がドストエフスキーのよりも文学趣味に富んでゐると云はれないことは、露国文学の批評家の説によつても察せられる。スヰフトの小説に花鳥風月の色彩りがなく、詠歎調も欠けてゐるために、文学趣味が欠乏してゐると断定されさうでもない。

明治十年代から「国民之友」時代を経、高山樗牛時代に至るまでの文章家の文章には、外国の詩人、哲学者、政治家など、あらゆる種類の知名人の名を挿入することが流行してゐた。「ピット云はずや」「ミルトン曰く」「マコーレーの説に」とか、断片的に何かの舶来の名言らしいものを引用することが盛んに行はれてゐて、我々少青年読者は、筆者の博学に驚かされたのであつたが、それ等筆者は外国知名人の著書を熟読玩味した上で論を立てたのではなかつたから、所論の視野が広くもならず、深味を増す訳でもなかつた。維新前後に偶然手に入つた僅少の洋書によつて啓発され、独自の見解を試みたところに福澤の天分が発揮されてゐて、説その物の不完全は別として、今読んでもなほ、文章に多分の清新味が感ぜられるのである。

○

（上略）純粋の漢学者純粋の国学者を別として、筆者の思ひを充分に述べ、普通人によく理解される文章について思ひを致したのは、明治初年では、福澤と福地とであった。「国民之友」に「今日の文章」と題して述べてゐた福地の文章観は、私も朧ろげに記憶してゐるが、その主旨は、俗に従つて平易に書いて品位を保つといふことであつた。福澤も同様であつた。二人とも幾度か欧米に渡航した洋学者で、ともに文才もあり、時世を観る目も具つてゐたが、福地の方は底が浅かつたやうである。（中略）福澤自身も俗衆に迎へられたため、そして新社会に手軽く間に合ひ役に立つ人物養成に興味を感じてゐたため、ジャーナリストらしい成功に甘んじ、豊かな天分を学問の追究に灑《そそ》ぎ得なかつた。「文明論之概略」の如きは、啓蒙的の「文明開化論」たるに留まらず、国家社会その他いろ〳〵な思想について、もつと根本的の批判を含んでゐると思ふ。幕府の圧制に対する憤懣の思ひから類推して、西洋諸国対日本の将来を憂ひ、「今の外人の狭滑慓悍《へうかん》なるは公卿幕吏の比に非ず、万々一にもこれが制御の下に居て束縛を蒙ることあらば、其残刻の密なること恰も空気の流通をも許さざるが如くして、我日本の人民はこれに窒塞するに至る可し。今より此有様を想像すれば、渾身忽ち悚然《しようぜん》として毛髪の聳つを覚ゆるに非ずや」と云ひ、「東西懸隔殊域の外国人に対して、其交際に天地の公道を頼みにするとは、果して何の心ぞや、迂闊も亦甚し。俗に所謂結構人の議論と云ふべきのみ」と云ひ、強固なる「自国独立」の必要を結論の要点としてゐるので、明治初年の時世に照らして見ると、適切な啓蒙的訓戒であつたのだが、私などには、結論よりも途中の感想が面白かつた。大して外国の名著を参照したのでもなく、有り触れた世間の材料を用ひて、一見通俗向きのやうでありながら、我等が自由に忖度すると、深遠なる批判の影がほのめいてゐるやうに思はれる。だが、啓蒙事業に没頭した彼れは、自己の人生批判を深く進めようとはしなかつた。

この「文明論の概略《(之)》」や、「学問のすゝめ」など、深遠なる内容を有ちながら、平易に分り易く自由に書き流されてゐるので、口語体と何の変りはないのだ。福地の文章だつて、言文一致にする必要のないほどに筆が自由であり、読み易くもある。これ等二先生に比すると、他の政論家の文章は、内容が新型か旧型かのどちらにせよ、型に嵌つてゐるばかりでなく、文章そのものに生気がない。古くさい。小説の方では、二葉亭以前のものは、すべて文章も内容も陳腐で、その文学価値から云つても、福地福澤の雑文に及ばない。長年月の漢文学の弊が積つて、死語の排列を喜ぶやうになつたのがいけなかつたのだ。（中略）民友社の文章はバタ臭いと非難されてゐたが、新時代人に取つては、そのバタ臭いところに魅力が感ぜられたのであつた。味噌臭いよりもバタ臭い方が好ましかつたのだが、鑑賞力が成長すると、そのバタの純良でないのに気がつくやうになるのである。明治初年の西洋文明讃美者の言論が、福澤福地などは別として、他の多くは、バタ臭くつて、いつの間にか廃《すた》れて行つたやうなものだ。（下略）

（昭和一〇、六『中央公論』。昭和一三刊『文壇的自叙伝』）

●――明治以来の自然主義作家正宗白鳥《まさむねはくちょう》（本名忠夫。明治一二―昭和三七。一八七九―一九六二）は、晩年福澤びいきになったが、若い時代は全く福澤を俗物視して、関心がなかった。彼が福澤に心を惹かれるようになったのは、昭和一〇年ごろ、はじめて英訳の『福翁自伝』を読んだ時からである。彼は同年四月号の雑誌『文芸』に、「福翁自伝読後感」（『正宗白鳥全集』九）という小文を載せて、その感想の一端を示した。いわゆる豪傑型でない平凡の巨人福澤の面目に白鳥らしい興味を感じたのであった。それから引続き、自伝以外の福澤の主著を読み始めたらしく、その感想が「文章論」という長篇のエッセイとなって、同年六月の『中央公論』に掲載された。題は「文章論」であるが、その中心は福澤の文章に関する所感である。〈福澤の文章は一見平俗なやうだが、その中に独創のひらめきがあり、実学的文章でありながら、文学性に富んでゐる。僅少な洋書の知識と不完全な語学の力をもつて、よく洋学の精神を日本社会に活用した〉と、その達見を称賛しているのである。その所論はおおむね適切で、短時日に福澤の僅かな主著だけを読んで、不完全な知識でこれだけ的確な福澤論をものしたのも、これまたさすがに白鳥の批評眼の鋭さといえよう。ここにはその主要部分だけを摘載した。

◉———近ごろ完結した『正宗白鳥全集』を通覧すると、後年の随筆や評論の中には、福澤に言及したものが散見するが、大体はここに載せた文章と同趣旨の感がある。すなわち、明治時代の人物では、なんといっても福澤が卓越した見識を持っていたこと、勝海舟に比べれば独創性があったこと、また福澤の著作でも、晩年の『福翁百話』などは著しく見劣りがすること等が、白鳥の福澤観の大要といえよう。(因みに、この「文章論」は、『正宗白鳥全集』には収められていない)。

福澤諭吉氏

44 容膝堂主人

王公に事へず、其言を高尚にすとは、福澤氏の謂ひなるべし。彼れもし仕官を要めしならば、機会は幾回もありたるべし。然れども彼れは謂《おも》へり、官吏は随分うるさきものなり、長官あらば屈せざるべからず、朋党あらば争はざるべからず、且つや天下の大勢を視るに、行政官たるもの乏しからず、司法官たるもの尠しとせず、然れども邦家全態の文明を謀り、広く百般の人民を導き、前途を指示し、後生を引卒(率)し、所謂る社会的改革《ソシアルリフオーメーション》の先陣に立て、大声疾呼、頑固の夢を破り、因循の俗を鞭ち、千載一遇の好時機を執へて、忽ち東洋の碧空に一新英国を聳立せしむるの任に当るものは、乃公其れ自身を措て其れ誰れぞ、将官は維新前後に実験を経て、大に末頼母しきものあつて存す、参議たるものも、属僚たるものも、先づ今の処にては皆其職を務むるものあるが如し、然れども彼等は皆、孰れも上に居ながら権柄を以て其下を御するものに外ならず、若夫れ社会の衢街に坐し、民と共に居り、俗と共に交はり、懇々諄々、父の如く師の如く、朋友の如く、隣人の如く、丁寧親切に、其民を薫化し行くの功業に至りては、決して彼等に望むべからず、予請ふ、乃ち之に当らんと。於此乎、益々学校を盛んにし、天下の人才を其門下に集め、之に文明の息気を入れ、之に改革的の心魂を授け、かくて一方に於ては、明治の世嗣たるべき人物を造り置き、而して他の一面に於ては至極平易なる文章を用ひて、内、文明開化の福音を宣べ、外、西洋各国の事情を知せ、盲者に太陽を視せしむるが如く、聾者に音楽を聴かすが如く、所謂る高楼に登りて其暁鐘を響かせしかば、人民争《いか》でか驚かざるべき、社会争でか警醒せざるべき。天下靡然として之になびき、沛然として亦た之を禦ぐもの無きに至れり。

予福澤氏が為せしところを見るに、福澤氏は少くとも我邦に於てはボルテール、ルソーほどの働きを為せし人なりと思はる。其人物の相違は、予《わ》れ今之を論ぜざるべし。然れども其感化力を社会一般の間に振ひ行きたるの跡に於ては、正に相似たるものあるを信ず。其達眼にして機警なる、其王公に屈せずして脱然たる、其局部に陥らずして、竊かに一世の師を以て任じたる如きは、真《まこと》に大且つ高なるものあるを視るなり。然れども予が今論ぜんと欲するところのものは、啻に彼れが高大なる所の点のみにあらずして、又た彼れが不長所なるところの点に在て存す。福澤氏は謂へらく、従来天下の人士たるところのものは、悉く皆武夫《もののふ》のみ、武夫を以て社会を統御せしむ、是れ文明流の社会にあらず、よろしく斯の武夫なるものの剣を褫《は》ぎ、高楊枝をもぎ落し、之をして平々の平民たらしめざるべからずと。於此乎、天下に率先して脱刀を実行したる人は福澤氏其人也。自ら平々の平民となり、殖産を唱へ工業を励し、遂に官吏其れ自身をすら卑しめ、之を朝顔に比して詈るに至れり。其の楠公を称して権助の首縊とまで云ひ放ちたるが如きは、寧ろ奇矯の言に過ぐると雖ども、彼れが旧来の武士風を打破せんと欲して、而して勢ひ終に此に至りたるゆえんの間には、信に其意気の昂然たるものあつて存す。吾人は強ち之を尤めず、否な、寧ろ其意の憂国に動き、而して社会改革の熱心に激せられ、而して健全的文明社会の組織を望みたるの上に於ては、却て愛すべきものあるを見る。真《まこと》や、今日の如く開け来りたる社会に在ても、我邦は未だ人民の歴史を有せずと称して可なり。衆議院開けたり、撰挙の権許るされたり。然れども記せよ、未だ依然たる封建的の風習を存す。吾人は常に謂ふ、今日の大臣をして官吏をして議員をして、悉く皆脱然洒然たる平々の平民的にならしめずんば、天下の事又畢《つひ》に為すべからず。其の嘗て刀剣を脱したる如く、官爵を衒ふの俗気を脱せよ、役人振るを止めよ、政治家振るを止めよ、得々其地位に誇ることを止めよ。吾人は実に其醜を厭ふなり。啻に其醜を厭ふのみならんや、実に邦家の為めに憂へて止まざるなり。是れ依然たる武士風なり。而して今尚一般の人民を己が権威と名利の為めに私するもの多し。若夫れ此ままにてあらんには、健全たる国民の社会は遂に形成すること能はざるなりと。而て我斯説に今尚ほ勢を添ゆるものは福澤氏なり。

然れどもここに、吾人と其説を異にし、其主義を同ふせざるところのものあるなり。何ぞや、曰く、福澤氏が平民的を主張するは是れ吾人と同じきところなれども、其所謂る平民的の精神に至りては、全く吾人と其趣を異にす。福澤氏は人に勧めて平民的たれと云ふ。而して又た之と同時に、人に勧めて平民的の根生（マヽ）たれよと教ゆ。其の如く教へずとも、其の説くところのここに至るを奈何にせん。是れ即ち我党と異なるところなり。此を以て福澤氏に感化せらるる人を視よ、多くは皆如才なく、抜目なく、上手に立ち舞はり、局部々々に役に立ち、弁も転《まは》れば、筆も立ち、英語もザットト出来、経済学も一通り知り居り、金儲けには至て巧妙《たくみ》に、投機には至極奇敏に、当節の社会には喰ひはづすことなき人物多し。是れ純然たる平民的根生の人にあらずや。吾人は福澤氏が武士《もののふ》の骨を抜て、而して之を軟化せしめ、偏癖なる廃物を利用して、之を当世有益の業に従事せしめたる上に於ては、頗る其の功あるを知る。然れども記憶せよ、其弊や遂に気慨（ママ）ある青年をして俗物たらしめ、硬骨ある男子をして海鼠の如くならしめ、天道と人情とに於ける霊性を腐朽せしめて、滔々たる利己名利の裡に埋没せしめ、遂に我日本帝国の元気をして俗塵の間に消化せしめんとするまでに至れり。是れ予党が福澤の為めに深く遺憾とするところなり。

夫れ我党が平民主義たるや、決してかかる根性、かかる人物を指して云ふにはあらざるなり。上に居て高ぶらず、親しく衆に下り、官爵を帯びて揚々たらず、平然として素朴に安んじ、博士となりて博士振らず、議員となりて議員振らず、政治家となりて政治家振らず、超然として天道を味ひ、優然として人情を思ひ、よく商業に従事して抜目なきも、尚ほ其心魂を俗了せられず、ヒユマニチーに動かされ来るときには、捨財を惜まず、国家の急なるを見ては、償金を否まず、身は風塵の間に埋るるも、心は恒に霽月を懸け、媚びず諂はず、高潔を守り、天地のデビニチーに感じ、人生の価値を悟り、而して尚ほ能く俗界に在て俗務に従事し、到るところ役にたたざることのなき実力《アビリチー》を有するもの、是れ即ち吾人が所謂平民的の人たるなり。福澤氏或は云はん、是れ甚だ六ケ敷事なりと。然り、易き事にはあらず。然れども目を挙げて視るべし、福澤氏が嚢時に標準として説法したる欧米に於ては、現に此事行はれつつあるにあらずや。其末だ大遺憾あるにもせよ、彼等には商人にして政治家たるものあり、工業家にして宗教家たるものあり、俗界の俗務に従事するものにして、而して愛国の気骨高然たるものなきにあらず。否、彼等の国の元気を視よ、其平々々の平民的たるに関らず、才子孑々《けつけつ》、如才なく、只だ能く利巧に金儲けする平民根性の人のみにはあらず。一呼動かし来れば、義の為めに立ち、自由の為めに起り、風濤を犯して利他的の為めに行き、財産を擲てヒユマニチーの為めに竭《つ》くす。彼等は実に平民にして武夫の根性あるものとす。予は欧米を金玉視するものにあらず。然れども彼等が此の理想《アイデヤ》に向ふて進み行きつつあるや、又否むべくもあらず。福澤氏何ぞ今尚ほ上段の見識を振ふて、而して此理想界を目指さざる。福澤氏が六ケ敷と云ふやよし。然れども六ケ敷と云ふて、以て我気骨ある青年を軟化俗了するや非なり。

然れども予を以て福澤氏を俗人視すると思ふ勿れ。福澤氏は決して俗物にあらず。前にも陳べしが如く、彼れには愛国心満つるなり。彼れは嘗てより世の師を以て任ずるものなり。而して其品行を叩き来るときには潔白なり、其室家を尋ね来るときには洋々たるものありと云ふ。彼れ豈何ぞ俗人ならんや。彼れが屢々称する冷淡説の如きは、大に人を謬らしめ、人をして百事に無責任たらしむるの恐れあるを免れず。又人をして徒らに傍観者若くは冷評者の地位に立たしめ、人をして猥りに冷々淡々、平民の平たる落語家の類ひたらしむる恐れあるを免かれず。然れども氏自身が平生守るところを察するに、氏が所謂る冷淡の真意は、蓋し平心虚気の極意を指すものの如し。若し果して然らんには、我党が所謂るデビニチーに近きものあつて存す。氏又嘗て曰く、人生は児戯の如しと。此語や、蓋し観るところあらずんば発すること能はざるものなりとす。氏何ぞ俗人ならんや。然れども氏が説を聴て、俗人たるもの比々皆是なり。氏何ぞ思はざる。且つ夫れ氏は、未だ天地人生の秘義を極むる点に於ては遠く及ばざるところあつて存す。氏嘗て我友人が宗教を説くに答へて曰く、実《げ》にも或は神あるが如し、一種の薬剤が万人に通ずるが如きは、造化の意匠の不思議を示すと。嗚呼、福澤氏が時として宗教の問題を尋ねたるや明けし。然れども其終に奥に到らず。漸く卑近なる処に神を認めんとなしたるが如きは、寧ろ福澤氏が哲学神学詩歌文学等に暗きを示すにあらずや。氏は嘗てバックルの文明史を戴て、大に宗教を詈れり。今日に至りては、固より一段の見識を進めたるに相違なきも、尚その天地人生の秘義を探り、玄妙幽深なるデビニチーの奥義を究むるの点に於ては、予れその未だ幼稚なるものあるを視るが如し。

嗟呼《ああ》然りと雖ども、福澤氏は遂に明治の一大人物たるに相違なきなり。彼れが維新に於ける達見を観じ来れ、社会を撼振し行きたる跡を観じ来れ、而して終始一の如く平民主義を以て動かざる言行を観じ来れ。吾人は実に仰ぎ望むの思ひなき能はざるなり。只だそれ其感化の大なるに伴れて、而して大に我党青年を誤らしむるものあるを以て、吾人はここに一言なきこと能はざるのみ。想ふに福澤氏の功労は已に足れり。而して其時代は将に過ぎ去り行かんとす。視よ、其の生み出したる抜目なき才子は、今や社会の全面に舞蹈し、正に全盛を極めつつあるなり。而して商人的の人物は朝野の間に充満して、正に流れ溢れんとす。福澤氏安んぜよ、我党は決して君が功労を忘れざるなり。只だそれ我党デビニチー、ヒユマニチーの平民主義をして爾今以後君が感化に嗣がしめよ。是れ蓋し社会進歩の順序たるべし。

（明治二六、一〇、三〇『三籟』八号）

◉——明治二六年から翌二七年にかけて刊行された宗教・文学雑誌『三籟』（松村介石、戸川残花編集）に載った福澤論。福澤の平民主義に敬意を表しながら、その感化が物質万能の風潮を蔓延せしめた流弊を責め、また福澤自身の宗教的浅薄性を指摘している。但し福澤の平民主義の精神を誤解していることはいうまでもない。筆者容膝堂主人は何人の筆名であるか詳らかでない。読者の宗教を乞う次第である。

45　衆議院議長の最適任者（仮題）

陸羯南

帝国議会の将に始めて招集せられんとするに臨み、「衆議院議長は之を誰氏に属すべき乎」といふ一問題は、必ず起らざるを得ざるなり。今日に当りて之を詮議するは、決して大早計にあらず。（中略）

政治社会の隠居役たる勝海舟伯が近日人に与ふるの書に曰く、「希くは議長は能弁小才の人に無之、胸中寛大自己之手際を不好候様成る者選挙に相成度と存候」。此の事、吾輩も極めて同意なり。勝伯許されよ、吾輩は之を借りて以つて吾輩が謂はゆる議長の格質の要件となさん。而して吾輩は亦聊か之に附加する所あらんと欲す。曰く、「たとひ老人にても根気強く、倦まず、撓まず、如何なる事の起るとも循々として之を理する様なる人を撰むべし」。之を要するに約言すれば、議長の人物に要する所の格質は、左の四条件となるべきなり。（一）公正なる人、（二）寛厚なる人、（三）勤勉なる人、（四）名利心なくして、愛国心を以て充満せる人。然り而して、議場を整理するの材幹器識あるを要するは言ふ迄もなき事にして、又吾輩が前言へる如く、一度も勅任官と為らざる人、正従何位の位記を持たざる人たるを要すべし。斯く枚挙し来れば非常に六箇敷《むつかし》き物なるが如し。然り、議長の職は随分錯雑にして六箇敷き物なるべし。此の六箇敷き事に当りて、坦易を以て之を理《をさ》め、恬淡を以つて之を導くが如きもの、是れ亦議長の人物に欠くべからざるものなり。何人か果して此の撰に当ることを得べきぞ。吾人は東京の町儒者福澤諭吉老（町儒者の称呼は政府の御抱へ儒者に対して之を言ふなり）を除きて、他に人なきを断言するものなり。

然れども人或は言はんとす。福澤老は既に退隠して、世に政治社会あるを忘れたり。決して出でて議長の職に就くこと無からんと。吾輩は之に答へて言はん。然り、這老《しやらう》固より既に政治社会を忘れたり。然れども政治社会は豈に這老を忘るべけんやと。曩に東京市会議員たるや、這老は腰痛椅子に堪へざるを以つて之を辞せり。一の病気は豈に全癒の期なからんや。

吾輩は這老の人と為りに就きて多く呶々《だうだう》するの必要を見ず。世人は既に久しく這老を知るが故なり。只前に挙げたる議長の格質に充て欽めて之を言はんに、這老は決して能弁小才の人にあらず。又今更ら自己の手際を誇りて平地に風波を起し、徒に紛々擾々を増すが如き拙手段を行ふの人にあらず。而して這老は実に根気善き人なり。倦まざるなり、撓まざるなり。其教育事業に於けるものを見て知るべきなり。而して其特質として、何事に対しても実に坦易なり、恬淡なり。而して又一度も勅任官とならず、一箇の位記をも担はず。一枝の筆一枚の硯に依りて優富に町儒者の生活を営めるは、其の最も得意とする所なり。且従来一度も頭を政治社会に出さざるを以つて、何の方面に向つても聊かの支障礙碍なく、常に公正の地位を失ふの憂なきも、亦その特有の質ならずんばあらず。此くの如き資質性格を抱けるもの、他に一人あるを見ず。然らば則ち這老たとひ政治社会を忘れたりとするも、政治社会は豈に之を忘れて野に遺すべけんや。

固より這老の衆議院議長に適当なるは世人の知る所なるべし。此人を用ゐて議長席に上らしむるに就きて、勝伯も多分不同意なかるべく、凡ての方面の人も亦不同意を唱ふるもの少かるべし。只世の這老を候補者に加へざるものは、その遂に政治社会に出るに意なからんことを測りて、遠慮せるに外ならざるべし。是れ実に無用の遠慮なり。芝区の公民は之を挙げて衆議院議員となすべし。而して議院は之を挙げて議長席に上すべし。這老亦宜く其腰痛を忍ぶべし。

吾輩は多く這老と相識れるものにあらざるなり。亦其著作の議論に就きては、その世を動すの力非常に大なるに拘らず、時に或は之に対して服すること能はざるものあるなり。只夫れ今日衆議院を始めて招集せらるるに当りて、這老を除きて他に適当の議長なしと信ずるを以つて、直に之を筆したるのみ。這老明治維新以来の事蹟は頗る浩大なるものにして、物質的文明の主張者としては之を第一に推さざるを得ず。蒸気電気利用論者は維新前後より既に多く之ありしといへども、その論の最も効を成せしは這老なり。且又教育事業の巧みなる、其門下の士の盛なるを見ても知るべし。其他民権国権分権の諸論並に時事小言の著の如き、皆亦世事に大関渉を為せり。這老一生の事業は既に爰に終りを告ぐべきや否や。思ふに這老の心中にては、既に此の事績を挙げたる上は、最早静に子女と共に嬉笑して、盛名を閑居隠宅の中に保たんとの念慮もあるべし。是亦人情の免るべからざる所にして、十年以前東京府会に失敗してより、妙に政治社会を嫌ひ、羮に懲りて膾を吹くの風も亦之なきにあらざるが如し。然れども吾輩の見を以つて此人の為に謀れば、今年の帝国議会は其名声を高むるの地とこそなれ、決して其誉望を墜すの憂あるべからず。蓋し這老の人と為り、今更ら功利を貪りて一議長席を恋欲するの意なきことは、既に世の諒する所なり。只だ夫れ今年衆議院の第一会は、実に千載の一時にして、此の曠前絶後の挙を行ふに当り、其の議長の任は関る所最も重大なるに、拙者にて間に合ふとならば、国家の為に微労を辞せずとの意を以つて、虚心平気に徐ろに出で来らば、是れ其の国の為に尽くすの義気、人に高きこと一等なるを示すものにあらずや。徒に議場の風波に怖れ、その成敗を危みて進退を遅疑するは、却つて倖々焉たる小丈夫の所為たるを免れざるべし。吾輩が窃に這老の為に取らざる所なり。故に吾人は、衆議院に向つては、吾輩が指す所の良議長を挙げんことを予告し、而して福澤老に向つては、議長候補者たるを辞せざるの決心を促すものなり。

（明治二三、三、二五—六『日本』。『陸羯南全集』二）

◉——この文章と次の文章とは、本書18の羯南の文章と並べて掲載すべきであったが、最近刊行された『陸羯南全集』によってここに追加する。

東洋流の国士羯南が、福澤の功利主義に快くなかったことは、楠公権助論を評して、「氏が此評論は詼《くわい》謔《ぎやく》なりしか、好奇なりしか、但しは氏当時の見は、単に功利の上に止りて、倫理名教の上に達せざりしか、楠兎に角絶世の奇論なれども、是れ只世人の嘲笑を買ふて、自己の浅識を世上に披露せしに過ぎずして、楠公の価値を上下するに足らず」（明治二三、三、一二『日本』所載「歴史家及考証」。『全集』二）と言ったのでも明らかである。また、「三田学派大に町人主義を主張し、人間社会を見くびりて、銭の一方に推し片付けんと試みしより以来、謬論稗説相踵ぎて起り、遂に亜米利加拝金宗を唱ふる者有るに至れり。（中略）是れ此学派の物質的文化に大功あるに拘らず、識者の為に或は非難を蒙れる所以なり」（明治二三、九、一六『日本』所載「士」。『全集』二）と言って、福澤の経済主義の流弊が国民の士風を害うことを深く憂えた。

かくて羯南は、その主義上、もとより福澤のよき友ではあり得なかったが、半面、その功績と長所とを認めるにも吝かでなかったことは、ここに掲げた一文「衆議院議長は之を誰氏に属すべき乎」によっても窺われよう。しかし羯南や、羯南と関係の深かった政教社の一派が、福澤を日本初代の衆議院議長の最適任者として世に推したにかかわらず、福澤はついにこれを風馬牛に聞流すにとどまった。この点は、徳富蘇峰の『国民之友』が、到底福澤にはそれを受ける意志はあるまい、と予言したのが的中した形である。（拙著『福澤諭吉論考』二八四参照）。

46 学界貴族主義への警鐘(仮題)

陸羯南

貴人は何れの場所にも賤人の上位を占め、富者は何れの場合にも貧者の上位を占む。別言すれば、貴人と富者とは徹頭徹尾社会の首班を占有し、大学者大技人大教師と雖も、官爵及財富の高からざるものは、皆な其の下風に立たざるべからず。世人之を名けて貴族主義の現象と言ふ。其の説に曰く、優勝劣敗は天地間の大法にして、特に物質界に在りては、此の大法の最も能く行はるるを見る。猛虎一たび吼えて百獣皆な恐れ、蒼鷹《さうよう》疾く揚りて群禽共に伏す。富貴の族は社会の優者にして、他の劣等の者之が下風に立つは即ち天法なりと。然り、若し官爵の陳列所に於てすれば、無官爵の者固より之を其の下位に置かざるべからず。若し財富の競進会に於てすれば、無財富の者固より之を其の下位に置かざるべからず。否な、無官爵の者又は無財富の者は、其の場所に列席するの要用あるべからざるなり。然りと雖も、一の学術会に於てせば如何。官爵又は財富の有無を以て列席に制限あるの理なかるべし。況や世には猴にして衣冠を着くる者あり、又た狐にして珠玉を有する者あり。今ま珠玉を有し衣冠を着くるの故を以て、猴と狐とを其の上班に置かば如何。学識ある者豈に甘んじて其の下席に伏するものあらんや。

吾輩は福澤翁の夫《か》の工学会式場に出席せざる趣意を聞て、深く感ずる所あり。翁の説に白く、

「皇族は固より別の御事にして論ずべき限りにあらざれども、純然たる学問上の私会なれば、大臣も平民も区別はあるべからず。学識の深浅厚薄に由て席を定めんとするも、無形の事にして標準とするに足らず。止むことなくんば、年齢の長少に従ふか、然らざれば一切席順を云はずして、官民長少次第不同なれば尚ほ可なり。然るに今ま大臣を上席にするとあれば、其の趣は朝廷の風あるが如し。官吏社会の人は常に之れに慣れて、学者知識と称する人物にても、既に役人となれば、大臣を最上に仰ぎ、一二三四位と順々に之に尾して整然たるか、然らざるも自然に其の意味を含んで席定ることとならん。官途に衣食する者が大臣の下に立つは余儀なきこととするも、自分福澤の如きは如何すべきや。無位無官の平民、朝廷の席順を以てすれば、等外吏の又た其下ならんか。官海の慣行怪しむに足らずと雖も、朝廷を離れたる日本国の社会、即ち今度の工学大会の如き場所に於ては、大臣等の末席に居るを好まず」とて、遂に出席を見合せたりと。此の言稍々奇矯なるが如しと雖も、其の識見の一種卓越なる、以て今日夫の世に諛ふ所の俗学陋儒をして大に反省せしむるに足るものあり。吾輩は此の言を以て、単に学者社会を警醒せしむるものと為さず、尚ほ進んで政府をして顧る所あらしめんと欲す。

世に貴族的傾向なるものあり。自ら富貴上流の人と信ずる者は、此の傾向を取りて、社会何れの場所にも注入せんと欲す。往年「学位令」の始めて出るや、此の令によりて学位を授けられたるもの何種の人々なるや。多くは官途に衣食し、又は政府に近昵《きんじつ》するもののみにあらずや。而して福澤翁の如きは之に与らず。自ら天爵を恃む者は、敢て人爵を望むの意あらず。翁の如き世界を達観する学者は、夫の学位の如き者を塵芥視するや疑なし。然りと雖も、位爵の如きものは一人を顕栄するの目的にあらずして、天下の人を奨励する所以なり。当時学位の授与は、実に吾輩をして時の政府の心胆を推測せしめたり。独り学位のみならず、凡そ栄誉の具以て人を賞励する所以の方法は、大抵官爵を帯び、又は貨財を献ずる者に帰し、草莽の間茅屋の中に住する者は、縦令ひ国家に偉大の功労あるも、容易に其の典に与るを得ず。是に於て有識者は、栄誉の具を視て寵絡の具と為す。人爵と天爵との距離は愈々益々遠し。吁《ああ》是れ昭代の兆ならんや。吾輩は平民主義の貴きを知る。而して其の貴き所以は、官海以外に於て存するを知る。学術社会の如き、教育社会の如き、宗教社会の如き、技芸社会の如き、若し貴族主義の之に存するあらば、其の社会は忽ち腐敗するに至るべし。吾輩の常に平民主義を唱道する所以のものは、此等の社会より貴族主義を駆逐せんが為めなり。

（明治二三、五、九『日本』。『陸羯南全集』二）

◉——明治二三年五月、福澤は工学会（工部大学校出身者により結成された学会）の臨時大会に招待されて、最初は出席する予定であった。しかし皇族と大臣だけが特別席だと聞かされて、皇族は当然としても、学者が大臣輩の下座に就くのは、「日本の学者社会全体の面目に関すること」として、出席を拒絶した。その顚末が同月六日の『時事新報』に、福澤自身の筆で、「工学会と福澤先生」（全二〇、三六九—七一）と題して掲載されたので、羯南がこれを読み、同月九日の『日本』にその一節を引用して、同感を表明したのが、この「学術界の貴族主義」と題する一文であった。福澤も羯南も、ともに権力に阿らず、貴族主義や官僚主義を蛇蝎視する旺盛な在野精神においては、意気投合する一面があったのである。おそらく福澤はこの文を読んで、羯南の志を多としたに違いない。『陸羯南全集』の編者の一人植手通有氏が、「陸羯南と福澤諭吉」という研究報告中に、こうした資料を引証した上、「陸は福澤をよく理解できなかった。にもかかわらず、彼はこの思想上の敵対者に敬意をもちつづけたばかりでなく、福澤を理解しようとする姿勢を失っていない。現代の思想状況と対比して、そこに明治の思想的健全さを認め、深い羨望の念を抱く云々」（昭和四五、二、九『朝日新聞』）と言われたのは首肯に値しよう。

付録

南方熊楠の福澤への傾倒について

『南方熊楠全集』中の資料の解説

笠井清

南方熊楠《みなかたくまぐす》（慶応三—昭和一六。一八六七—一九四一。七十四歳没）は、世界的博物学者で、またすぐれた民俗学者。和歌山生れ。明治一九年大学予備門（後の一高）を中退して渡米、ランシング大学に入り中退。以後中南米を放浪、二五年渡英して大英博物館に勤務。独学の篤学者としてその業績を高く評価された。三三年帰朝。やがて和歌山県田辺に居を定め、終生この地にあって、独創に満ちた研究生活を続けた。各国語に精通し、絶世の博覧強記であったが、純然たる野人で、数々の奇行をもって知られる。その博物研究の中心は粘菌類の調査で、多数の新種を発見した。一方、草創期の民俗学にも貢献するところが多く、邦文の著作のほか、英文で発表された論文もおびただしい。惜しむらくは、あまりに天才的であったため、海外に知己を得ながら、日本の学界では、〝偉大な異端者〟たるに終らざるを得なかった。しかし非常な愛国者で、天皇に対する崇敬の念の篤かったことは、やはり典型的な明治人と称すべきである。死後、田辺に程近い白浜の景勝地に南方記念館が建てられた。『南方熊楠全集』一二巻（昭和二六—七刊、乾元社）があり、伝記には笠井清著『南方熊楠』（昭和四二刊、吉川弘文館「人物叢書」）などがある。（以上伊藤記）

一

南方熊楠（「くまぐす」と発音するのが正しい）と福澤諭吉とは、同時代に生を経た偉傑ではあるが、両者の間には親子ほどの年齢の開きがあった。福澤が明治三十四年二月に数え年六十八歳で没した時には、南方はまだ三十五歳の壮年で、その前年に、十四年にわたる海外生活の幕を閉じて郷里和歌山市へ帰り、この二月には、中国革命の父と称される孫文が、ロンドン時代の旧交をあたためるべく、彼の和歌山の寓居に来訪しているのである。

福澤は、その生前に、ロンドンからの新帰朝者などから、彼の地の理科・文科両方面の一流誌（"Nature"や"Notes and Queries"）に、つぎつぎに斬新な論考を発表している奇行多き独学者南方についてあるいは伝聞したことがあったかもしれないが、それにはさだかな証拠がない。しかし一方南方は、この近代の先覚者を早くから尊敬し、多分にその影響を受けていた形跡がある。

現在刊行されている『南方熊楠全集』十二巻は、実はその選集にすぎない。最近新全集の刊行が発表されたが、これも全八巻の予定というから、やはり厳密な意味の全集ではないであろう。将来もし真の全集が出来るとすれば、その数倍の量に達するはずである。従って未発表の資料もおびただしく日の目を見るに相違ない。しかし既刊の全集中の記事からだけでも、南方の福澤に対する傾倒のなみなみでなかったことは容易にうかがい知られるのである。本小稿は、現行の全集中に散見する福澤に関する記事を拾い採り、これにいささかの管見を附して解説しようとするものである。

二

南方は、明治十九年二月、数えて二十歳の時、大学予備門を中途退学し、その年十二月二十二日横浜港より渡航して、翌二十年一月七日サンフランシスコに到着すると、十日後には同地のパシフイック＝ビジネス＝カレッジに入学したが、その後数カ月で、この土地にも、この大学にも落ち着き得なくなるのであった。

明治二十年七月十九日付でサンフランシスコから、東京遊学中の同郷の後輩杉村広太郎、すなわち後の楚人冠（県立和歌山中学の同窓で、当時上京して英吉利法律学校に修業中であった）に宛てた長文の書簡中に、次のような記事が見える。（以下引用書簡中の圏点は、すべて笠井の付したもの）。

　小生近頃迄 Pacific Business College に在学罷在候所、当地日本人のうけ甚だ宜しからざる上に、物価甚だ高く、其のくせ学術などは甚だあさましき所故、来る八月より Bayant and Strutton's Business College, Chicago に入学仕る目的に御座候。全体御存知の如く、米国は教方の事等に政府より厳法を行はぬ事故、同じ「カレッジ」と申す中にも「イエール＝カレッジ」の如く甚だ高上なるものもあり、又地方のカレッジに至ては、ほんの共立学校（笠井注。南方が在学した神田の共立学校。開成中学の前身）位のものも有り、「カレッジ」「アカデミー」「スクール」などと名称は、本人の勝手次第に付くる事に御座候。小生今迄居候商業学校は、先づ日本の商業学校位のもの（尤も米国の事故、規模は宏壮なるにもせよ）に付、此回小生の赴かんとするチカゴ府のカレッジは、同じ商業学校中でも大学の資格を有せるものにて、紐育《ニューヨーク》のポーキープシー（福澤の子居る）とフィラデルフィアと此のチカゴを以て、米の三大商業学校とする事に御座候。（全集八、二九五）

右の文面で分る通り、南方はサンフランシスコの地と、在籍した学校とにあきたらず、シカゴの有名な商業大学に近日入学する予定であることを報じているのであるが、文中に米国の三大商業大学を挙げ、その一のニューヨークのポーキープシー大学の条に、（福澤の子居る）と書き入れているのが注目される。けだし福澤の長男一太郎と次男捨次郎とは、明治十六年六月渡米し、二十一年十一月に帰国していて、このころにはニューヨーク（一太郎）およびボストン（捨次郎）の大学で修学していたのである。（福澤の子居る）というごく簡単な書き入れは、南方と杉村との間では、（両者には既に福澤に対する知識や関心が相当あったことと思われるから）、直ぐに相通ずるものがあったのであろう。

但し南方は、右の書信にある通りにシカゴの商業大学には入学せず、八月にミシガン州立のランシング農科大学に入学したのであった。同年九月九日、同農科大学の寄宿舎から、同じく杉村に宛てたナイヤガラ瀑布の紀行を含む長文の書信中には、次のように記している。

（上略）固より米の新建国にして万事整はざるを知る。米の学問の我が邦の学問に劣れる甚だしきを知る。（中略）況んや此国学問、独逸・英吉利等に劣れる事万々、我日本にさへよほど下れるに於てをや。故に予は此国の学問はみすててしまひ、無用のラテン・グリーキは習はず、レヂーなる者に腰も屈せず、又前へも往かず、白人ジャとて柔道でなげつけ、たゞたゞ文明の基本たる実業の一件を見習ひ居り。実業とは何ぞ、富を致すの術也。余以謂《おもへら》く、日本に生れて、風俗習慣一にも二にも西洋を慕ひ、それが為に制せらるるに至るは、まことに憐笑すべし。然れども、其の実業を慕ふて之を習ふは、少しも笑ふべからず。（全集八、三〇九）

右の文中に、新興の米国の学問が日本にも劣ると言っているのは、米国の三、四流のカレッジを共立学校程度と評価した前便と思ひ合わせて、当然と考えられる。しかしその半面、文明の基本たる実業のみは学習すべきであると強調しているのは、終生実業に最も縁の遠かった南方の言としては、奇異の念を禁じ得ない。

そもそも彼が、サンフランシスコ上陸後間もなく、その地の商業大学に入学し、さらに一旦はシカゴの有名な商業大学に転じようと志したのみならず、またここに実業の重要性を力説しているのはいかなるわけであろうか。それは必ずしも実業家であった父弥右衛門の期待に添うべく努めただけとは考えられない。筆者の臆測ではあるが、この前後の諸般の事情を総合すると、ここに福澤の思想的影響が見られるのではないかと思う。福澤の「商売も学問なり」とするいわゆる実学思想を、南方も観念的には肯定せざるを得なかったのであろう。ただ商売の実践は、どうしても彼本末の性格や体質に合致しなかったので、結局独自の道を求めて、農科大学の方に入学したのではあるまいか。

三

しかし自由奔放に、我が意のままに生きんとする南方は、規制の多い学校生活には、自国においても、外国にあっても堪えきれず、やがてランシングの農科大学をも自ら退学してしまう。そして異国での烈しい独学自習の生活が始まったのであるが、米国滞在は数年にとどまり、明治二十五年九月にはニューヨークを出発してイギリスに渡る。

当時のロンドンの横浜正金銀行支店長中井芳楠は、和歌山の人で、南方の父弥右衛門とは知己であったから、南方はロンドンに到着後間もなく中井を訪問した。しかるに意外にも、第一に接したのは、既に父弥右衛門が、その八月十四日に逝去したという悲報であった。

ところでこの横浜正金銀行は、いうまでもなく福澤の発想と協力とによって創立された銀行である。しかも支店長の中井は、明治五年慶應義塾に入学し、同八年卒業、その後一時母校の教員をもした人物である。明治二十三年正金銀行ロンドン支店長として赴任、十二年間在勤し、同三十五年帰朝して、翌三十六年に没した。『福澤諭吉全集』には、しばしばその名が見えている。

南方は、しばしば中井家に出入している際に、ここで明治二十六年の秋、真言宗の僧土宜《とき》法龍と知合いになった。時に土宜は四十歳、南方は二十七歳。ロンドンでは三回面会したに過ぎないが、その後親密な交際が始まり、後年土宜が高野山の管長となって、大正十二年七十歳で寂するまで、その交際は継続している。

土宜は安政元年生れで、初め高野山で修行後、明治九年慶應義塾別科に入り、(在学中の土宜に送った福澤の手紙が一通、『福澤諭吉全集』に収録されている)、学成って後、新進の学僧として活躍した。明治二十六年七月、シカゴで万国宗教大会が開催された際には、日本仏教代表委員として出席し、その任を了へて渡英、ロンドンに滞在後、仏国パリなどにも滞留して帰国した。中井といい、土宜といい、福澤の愛顧を受けた門下生であったから、彼らを通して、南方の福澤に対する関心や敬意が、さらに醸成されたことは想像に難くないところである。

後年昭和十年十一月の田辺の『牟婁《むろ》新報』に、十六回にわたって連載された南方の「新庄村合併について」と題する記事の第四回目に、次の条が見える。

抑々《そもそも》本邦古来戦争少からなんだが、官民の有志が進んで軍隊に物件を寄贈したは、実は明治廿七年日清戦役に始まる。其年八月一日両国開戦を宣すると、三田の福澤先生が、時事新報社で恤兵事業を創めた。丁度其の時、伊太利から帰朝した土宜法龍僧正から其事を聞いた予は、同郷の人で横浜正金銀行龍動《ロンドン》支店長たりし中井芳楠氏を訪ふて、勧むる所あり。中井氏、公使内田康哉氏（後に伯爵）等と謀って、在英邦人へ廻文を配った。扨《さて》衆に率先して、予は金一ポンド（十円斗《ばか》り）を寄附した。故に其時の官報には、在英邦人和歌山県平民南方熊楠以下何十何人より寄附金を出願したから受取った、と有って、予が一番、内田弁理公使が二番、大越総領事が三番に名を列ねある。其後政府より、その褒美として銀盃とかを呉れる通知を受けた予は、予の如き大飲家に盃を呉れる等《など》は甚だ宜しからずとて、寄附金の受領書を貰ひ、銀盃は受けなんだ。（全集五、一八七―一八八）

異境にあって愛国の至情に燃えていた南方に、こうした挙のあることは怪しむに足りないが、当時馬小屋の二階で起居するほど、生活費の節約に迫られていた貧書生の身で、率先して献金第一号となったのは、やはり尊敬する「三田の福澤先生」の義挙に感激した結果と見ても差支えあるまい。

時のロンドン大学総長フレデリック＝ヴィクター＝ディキンスは、ケンブリッジかオックスフォード大学に日本学の講座を創設し、日本通として名高いアストン（日本に在住した外交官。日本書紀の全訳、日本文学史などの著作ある学者）か、チェンバレン（東京帝大講師。古事記の全訳などのある学者）を教授に迎え、南方をその助教授として講義を担当させようと画策した。しかし明治三十三年ボーア戦争が起ったために、この計画は実現にいたらなかったので、この年の九月、南方はロンドンを去って、十四年ぶりで故国に帰ったのである。

四

帰朝後彼は、家庭上の都合と、専攻する動植物採取調査のために、南紀勝浦へ赴き、その後数年にわたって、熊野那智附近で研究生活を続けた。そのころの明治三十六年七月十八日付で、土宜法龍に送った書信中には、次のごとき条がある。

　今日は希有の快晴、那智村の滝の祭にて、楫取の心は神の心なりと貫之が言へる如く、村人みな慾を離れて、一生懸命に炬火をふりあるくやから行列も出る。徂徠は神社仏閣より配る御ふだを門に打ちつけ、仁斎はきちようめんに自ら年こしの豆をまき、又福澤翁も常に祭礼に寄附をしたから、予も往《いつ》てなにか音頭取りでもやってやらんかと思ひしが、何様《なにさま》暑甚しき故、又予の室に一寸二千円斗《ばか》りのものがあるから、用心悪く、留守居し乍ら、法布施の為、此状を汝に賜ふなり。（全集九、二三三）

右の文によって、彼が荻生徂徠・伊藤仁斎とともに、〝福澤翁〟の神社に対する態度に共鳴していることが分ろう。

福澤には、早く明治二十三年九月に「神仏を論じて林政に及ぶ」(『福澤諭吉全集』十二巻収録)の論があって、「今日経世の点より申せば、敬神崇仏、以て民心を厚ふするが為めにも、名寺大社、国の美観たる者を保存するが為めにも、寺政の荒廃を其儘に任じて傍より之を支持せざるは、我輩の取らざる所なり。」と言い、また「隠然国の治安を維持して天下太平ならしむるは、経世家の一手段たる可ければ、全国到る所の神社仏閣、今や漸く荒廃に帰して、或は雨漏り壁破れ、金碧装飾消磨して、建築美術の点に於て外国人にも夸《ほこ》る可き我国の偉観を失ふを見て、決して黙々に附す可らず。彼の外物の盛衰は、自ら人の心状を変じて、寺社の凋零すると同時に、敬神崇仏の念慮も薄らぎ、澆風漓俗《げうふうりぞく》、間に乗じて起らば、今後滔々たる世上の凡俗、何物を見て志気を振ひ、何事を思ふて操行を正うせんと欲するや、誠に不安心の至りと云ふ可し。」と憂慮して、社寺の森林の保護についても対策の必要を開陳している。このような思想は、やがて南方に継承されてゆくのである。

南方は、明治四十年から数年にわたって、内務省の一村一社を趣旨とする神社合併に真っ向から反対した。それは彼一代の最も過激な社会運動で、官権の不条理に対する激怒のあまり、十八日間も投獄されるような暴行事件さえひき起した。彼は元来神社を礼拝信仰する人ではないが、廃社の結果が、我が国固有の民間伝承の良俗を壊滅し、国民の志気を喪失せしめるのみならず、神林の伐採によって、貴重な動植物を絶滅に導き、美しき国土の景観を荒廃に帰せしめることを慨嘆したのであった。それはあたかも福澤が、自ら信仰を持たぬにかかわらず、敬神崇仏を奨励し、また森林を保護すべしと主張した精神と相通ずるものがあろう。

五

大正十四年一月三十一日、南方は、南方植物研究所の資金の寄附を求める意図もあって、日本郵船株式会社大阪支店副長矢吹義夫宛に、履歴書と称する最長文の書信を送っているが、その中に次の条が見える。

故アンドリュー・ラング抔《など》は、生活の為といひながら、色々の小説や詩作を不断出し、扨《さて》人類学・考古学に、専門家も及ばぬ大議論を立て、英人中尤も精勤する人といはれたり。此の人などは大学出の人で、多くの名誉学位を帯たが、博士など称せず、ただ平人同様、ミストル・ラングで通せしなり。然るに吾邦には、学位といふことを看板とするの余り、学問の進行を妨ぐる事多きは百も御承知の事。小生は何卒福澤先生の外に今二三十人は無学位の学者が有りたき事と思ふの余、二十四五歳のとき手に得らるべき学位を望まず、大学などに関係なしに専ら自修自学して、和歌山中学が最後の卒業で、いつ迄立てもどこを卒業といふ事なく、ただ自分の論文・報告や寄書・随筆が時々世に出て、専門家より批評を聞くを無上の楽しみ、又栄誉と思ひ居たり。(全集八、二九―三〇)

右の傍点の部分は、彼が福澤を尊敬し、それを範として学問に精進したことを端的に示した好箇の資料といえよう。その前文に、「吾邦には、学位といふことを看板とするの余り、学問の進行を妨ぐる事多きは百も御承知の事」とあるのは、筆者の叔父宮武省三（大阪商船の支店長などを勤めた。早期の民俗学者で、昭和三十九年八十三歳没）に、この状の前年の大正十三年二月二十一日付で、南方が送った書信中の

日本では、博士とか、学士とか、大学教育と科学の進行を混視し、博士・学士でなければ学問出来ぬやうに思ふ風也。是れ大きな間違ひにて、何たる発見発明なきは、これに由る。学位などをひけらかす輩は、学問を持久することならず。いはば学問の小売り取次ぎ店で、学問材料の製造人にも、製造所にもあらず。

などの記述と相俟って、布衣の学者の昂然たる気概を示して余すところがない。

六

筆者の記憶するかぎりでは、『南方熊楠全集』中で、福澤の名が歴然と記されているのは、上記の数カ所であったと思う。しかし福澤の名を明記しなくても、その影響が推測される条は他にも少なくない。おそらく南方が意識的にも無意識的にも、最も傾倒していた同時代の日本人は福澤ではなかったかとさえ思われるのである。けだし紀州藩は、早くから福澤を重視して、多くの子弟を慶應義塾に入れる方針を執り、福澤も塾の有力者を和歌山の学校に送って教育に当らせるなど、福澤と紀州とは特別深い因縁があったことも、当然考え合わすべきであろう。

ひとしく在野の学者とはいえ、中央にあって慶應義塾や『時事新報』を創始経営し、盛名を天下

にほしいままにした福澤諭吉と、永い海外放浪の後、南紀の僻陬に世俗と絶って、ひたすら隠花植物や民俗の研究に没頭した草莽の奇士南方熊楠との間には、一見なんのつながりもなさそうである。しかし精神的な関連は案外深かったのではなかろうか。それは同一時代の文化人の共通性だけとは到底解釈しきれないものがある。筆者は先年『南方熊楠』（吉川弘文館）の一書を公にしたが、それは南方の略伝で、福澤との関係などには全く触れるいとまがなかった。他日その点を解明したく思っていた折も折、同僚の伊藤教授から懇請があったので、早急に筆を執り、南方の全集中、明らかに福澤が登場する条だけを引用して、卑見を述べた次第である。

（昭和四十五年五月二十五日記）

福澤著作索引（年代順）

（注）—は福澤論ごとの区切りを示し、・は同一の福澤論であることを示す。

『西洋事情』（慶応二～明治三） 010—016—056—073—105—136—157—190
『世界国尽』（明二） 039—139—159—189
『啓蒙手習の文』（明四） 139
『学問のすゝめ』（明五～九） 010・014—038・039・040—089—191・193—196
〔天は人の上に人を造らず〕 039・042
〔楠公権助論〕 029—033—039・042—088・089—100—138—144—157—191～192—200—209
『童蒙教草』（明五） 189
『かたわ娘』（明五） 157
『帳合之法』（明六～七） 157
『文字之教』（明六） 015～023—139—188～189
『民間雑誌』（明七～八） 137
『文明論之概略』（明八） 010・014—039—193・196～197
『家庭叢談』（明九～一〇） 045・046—054
「字を知る乞食」 045・046
『分権論』（明一〇） 010—208
『民間経済録』（明一〇～一一） 039
『福澤文集』（明一一～一二）
「天理人道」 087～088・089／「教育の事」 088・090
『通俗民権論』（明一一） 208
『通俗国権論』（明一一～一二） 054—208
『民情一新』（明一二） 010
『時事小言』（明一四） 010—039—054—069—105—129—208
『時事新報』（明一五創刊）
〔不偏不党〕 069
〔国定修身教科書編纂反対〕 078
〔欧化主義〕 085
〔全体の特色〕 105～110
〔官民調和論〕 117～118・124
『徳育如何』（明一五） 014
「工学会と福澤先生」（明二三、五） 213～214
「神仏を論じて林政に及ぶ」（明二三、九） 222～224
『瘠我慢の説』（明二四稿） 033～037—048—095～097—098—138—193
『国会の前途・国会難局の由来・治安小言・地租論』（明二五） 024～027
「日本国を楽郷として外客を導き来る可し」（明二五、五） 042～043
「人間万事小児の戯」（明二五、一一） 128～130—132—180—203
「日本と英国との同盟」（明二八、六） 126
「還暦寿莚の演説」（明二八、一二） 032
『福翁百話』（明三〇） 063—111・113～114・115・116—130—132～

133—141—157—159・162〜163・165〜166—177〜183—194・198
〔大乗説教の時代〕 111・113〜115・116
〔宇宙観と人生観〕 130—132〜133—141—165〜166—177〜183
〔女性の再婚について〕 161〜165
〔マンネリズム化〕 194・198
『福澤全集』（明三〇〜三一） 034—089
〔小乗説教の時代〕 111・112〜113・114・116
〔表現平易化の主張〕 193
「宗教は茶の如し」（明三〇、九） 145〜148
『福翁自伝』（明三二） 048—063—131〜132—135〜136・139・142—205
〔その特色と価値〕 135〜136・139・142—205
『女大学評論・新女大学』（明三二） 159〜167—184〜187
『修身要領』（明三三） 074〜079—080〜084—091〜094—168〜172

主要人名索引

（注）ゴチック体で示した人名・論文名は、本書に収録したものである。但し、収録に当たって編者が仮題を付したものについては、原論文名を示した。

ア行

朝比奈知泉〔碌堂〕（文章の特色） 006—108
「福澤翁の修身要領」（明三三） 074〜079
「修身教育に対する暴論」（明三三） 078〜079
家永三郎（社会主義者の福澤観） 172
石河幹明（徳富蘇峰に反論） 037
〔国定修身教科書編纂に反対〕 078
板垣退助（民選議院設立の建白） 046
〔自由党の堕落〕 091
伊藤欽亮（福澤の代理で山県有朋を訪問） 126
伊藤圭介（福澤と同時に死去） 068—093
伊藤仁斎（福澤との類似） 067
〔神事を軽んぜず〕 222〜223
伊藤博文（福澤との関係） 069—122
〔女性問題では信用できず〕 155
井上馨（福澤との関係） 069—122
井上哲次郎（官学者、国家主義者） 078〜079—086—101—167—179
〔国定修身教科書編纂委員〕 078
〔木下尚江の井上批判〕 167
「福澤翁の『修身要領』を評す」（明三三） 080〜084
「道徳主義としての独立自尊」「独立自尊主義の道徳を論ず」（明三三） 083〜084
「明治哲学界の回顧」『懐旧録』 084
岩城準太郎『明治文学史』（明三九） 188〜190
植手通有「陸羯南と福澤諭吉」 214

植村正久（綱島梁川との福澤観の類似） 190
「福澤先生の諸行無常」（明二五） 127〜130
「基督教拒絶す可らず」（明一五） 130
「福澤先生の感化とその安心法」（明三三） 131〜134
「福澤諭吉氏」（明二三） 131〜132
「福澤諭吉氏」（明三一） 132
「福澤先生を弔す」（明三四） 135〜142
内村鑑三「福澤諭吉翁」（明三〇） 143〜144
『基督信徒の慰』（明二六） 144
「福澤氏の宗教家に対する説教」（明三〇） 145〜148
「宗教の大敵」（明三五） 147
浦田義雄（福澤への信頼） 131〜133
榎本武揚（その政治的進退） 033―095〜097
大隈重信（福澤との比較） 063〜066―103〜104
（福澤との関係） 069―120・122
大西祝「啓蒙時代の精神を論ず」（明三〇） 173〜176
大町桂月「福澤氏の瘠我慢説」（明三四） 095〜097
「福澤諭吉を弔す」（明三四） 098〜102
「福澤翁と大隈伯」（大正五） 103〜104
『日本文章史』（明四〇） 104
緒方洪庵（福澤の恩師） 003
（放胆な翻訳法） 193
荻生徂徠（物徂徠）（福澤との類似） 119
（神事を軽んぜず） 222〜223
小栗上野介（幕府維持の画策） 034〜035

カ行

片山潜（『労働世界』の福澤評） 148
勝海舟（その政治的進退） 033〜037―048―095〜097
（『海舟座談』に創見なし） 193〜194
（衆議院議長候補に関する意見） 206・208
加藤弘之（民選議院尚早論） 044・046
（福澤との比較） 063〜064
（国権論派の代表） 072〜073
（国定修身教科書編纂委員長） 078
神田孝平（明治啓蒙期の洋学者） 039―063
岸田吟香（新聞用語の平易） 040〜041
北村透谷「明治文学管見」（明二六） 056〜058
木戸孝允（政治上の漸進論） 044
木下尚江「福澤翁の『新女大学』を評す」（明三二） 159〜167
「福澤翁と井哲博士」（明三三） 167
陸羯南（文章の特色） 006―108
（福澤観） 055
「近時政論考」（明二三） 071〜073
「衆議院議長は之を誰氏に属すべき乎」（明三三） 206〜210
「歴史家及考証」（明二三） 209
「士」（明二三） 209〜210

「学術界の貴族主義」（明二三） 211〜214
栗本鋤雲（無気力なり） 096・097
幸徳秋水「修身要領を読む」（明三三） 168〜172
「平凡の巨人」（明三四） 171
後藤象二郎（福澤との親交） 120・122・125

サ行

西園寺公望（福澤の対朝鮮計画を制す） 126
西郷隆盛（勢力の誤用） 011
（欧化主義の行過ぎを憂う） 044
佐久間象山（開国論） 112
島田三郎「福澤諭吉翁」（明三二） 155〜158
親鸞上人（福澤との類似） 113
菅学応（福澤門下） 133
杉村楚人冠（南方熊楠との交遊） 217〜218

タ行

高嶺秀夫（国定修身教科書編纂委員） 078
高山樗牛（官学派、日本主義） 101・174
「福澤諭吉氏」（明三〇） 085〜086
「明治思想の変遷」（明三〇） 087〜090
「板垣伯と福澤氏」（明三三） 091
「三田翁の所謂道徳」（明三三） 091〜092
「『修身要領』の巡回演説」（明三三） 092〜093
（姉崎嘲風あて福澤訃報） 093〜094
（文章の特色） 195
竹越三叉「福澤先生」（明三五） 117〜126
「国権論者としての福澤先生」 125〜126
（『新日本史』の著作と『世界之日本』の発刊） 124〜125
田口鼎軒〔卯吉〕「福澤翁逝けり」（明三四） 007〜008
（六歌仙に見立てた福澤評） 008
（山路愛山の尊敬を受く） 043
田中不二麿（開明的文教政策） 044・046
（福澤を官途に用いんとす） 070
津田左右吉「福澤翁の『新女大学』を評す」（明三三） 184〜187
津田真道（明治啓蒙期の洋学者） 063
（国権論派の代表） 072
綱島梁川「『福翁百話』を読む」（明三〇） 177〜183
「福澤翁の『修身要領』を読む」（明三三） 183
「福翁の人生二面観」（明三四） 183
戸川秋骨「福澤先生」（明四〇） 059〜062
土宜法龍（南方熊楠との関係） 220〜221・222
徳富蘇峰（文章の特色） 006―108―194
「福澤諭吉君と新島襄君」（明二三） 009〜014
『将来之日本』（明一九）と『新日本之青年』（明二〇） 014
「文字の教を読む」（明二三） 015〜023

「福澤諭吉氏の政治論」（明一三） 024〜028
『国民之友』の記事「福澤氏の社会貴族主義」（明二七） 027〜028
「福澤翁」（明二八） 029〜032
「福澤諭吉翁」（明二八） 031〜032
「福澤諭吉氏を弔す」（明三四） 032
『大正の青年と帝国の前途』（大五） 032
「瘠我慢の説を読む」 033〜037
（山路愛山の尊敬を受く） 043
（戸川秋骨との福澤観の相違） 061〜062
（竹越三叉と意見合わず） 124
（福地桜痴の文章を愛す） 194
（福澤は衆議院議長を受けざるべしと予言） 210
鳥谷部春汀「新聞記者としての福澤諭吉翁」（明二九） 105〜110
「福澤諭吉翁」（明三〇） 111〜116

ナ行

中井芳楠（南方熊楠との関係） 220
中江兆民『一年有半』（明三四） 006—191〜192
中浜万次郎（福澤の英学の師） 003
中上川彦次郎（三井家の改革） 028
中村敬宇〔正直〕（明治啓蒙期の洋学者） 039
（福澤との比較） 057・058—087・089
名村桃渓（長崎の蘭学者） 003
新島襄（同志社の教育） 046〜047—176
（福澤との比較） 009〜014
西周（明治啓蒙期の洋学者） 039—063
新渡戸稲造「教育の真義」（明四二） 149〜154
野本雪巌（福澤百助の師） 048

ハ行

福澤一太郎・捨次郎（渡米留学） 218
福澤百助（その学殖） 048〜049
福澤桃介（株で大儲け） 147
福地桜痴〔源一郎〕（文章の特色） 006—008—194〜197
「旧友福澤諭吉君を哭す」（明三四） 003〜005
（山路愛山の尊敬を受く） 043
（福澤との比較） 049—069—155
（福澤を訪問せし時の逸話） 136
（福澤の文章を嘲笑す） 138〜139
藤原惺窩（福澤との類似） 008
帆足万里（福澤百助の師） 048

マ行

正宗白鳥「文章論」（昭一〇） 191〜198

「福翁自伝読後感」（昭一〇） 197
箕作麟祥（国権論派の代表） 072〜073
南方熊楠（福澤への傾倒） 215〜226
三宅雪嶺「福澤諭吉と大隈重信」（明三四） 063〜066
「伊藤氏と福澤氏」（明三四） 067〜068
『同時代史』（昭二四〜二九） 069〜070
室鳩巣（楠公論） 095
森有礼（欧化主義、男女同権論） 044・046—071
森山多吉郎（英学者、福澤の師） 003

ヤ行

安井息軒（耶蘇教排斥） 045〜047
矢野文雄（龍渓）（大隈との関係） 069
山県有朋（特派大使としてロシヤに行く） 122・126
山路愛山「明治文学史」（明二六） 038〜043
「懐旧録」（尊敬する四先輩） 043
『現代日本教会史論』（明三九） 044〜047
『現代金権史』（明四一） 048〜053
「嗚呼福澤先生」（明三四） 052〜053
『書斎独語』（明四四） 054〜055
（北村透谷との関係） 058
容膝堂主人「福澤諭吉氏」（明二六） 199〜205
横井小楠（開国論者） 112

ラ行

頼山陽（福澤の山陽評価） 048〜049・052
（福澤との類似） 067
（楠公論） 095〜096
蓮如上人（福澤の文章への影響） 041—113—193

外国人

ヴォルテール（懐疑主義） 081
（福澤との類似） 011—119—133・134—139—156〜158—173—200
権栄鎮（朝鮮独立運動の志士） 121
スマイルズ『自助論』 057—089
バックル『英国文明史』 204
ビスマルク（実力は道理を造る） 072
ビクトリア女王（福澤と同時に死去） 068
ヒルデブラント（教育者としての功績） 151〜152
フランクリン（福澤との類似） 031—119—139〜140
モルレー（日本の教育制度指導） 044・046
モンテスキュー（自由主義） 081
ラング（学位を重んぜず） 224
ルソー（平等主義、自然説、社会的影響） 081—175—200

編者紹介

伊藤正雄（いとう まさお）

明治35年（1902）生まれ。昭和2年（1927）東京帝国大学文学部国文学科卒業。神宮皇學館教授、甲南大学教授、神戸女子大学教授を歴任。甲南大学名誉教授。昭和53年（1978）死去。

主要業績

『福澤諭吉入門』（毎日新聞社、昭和33年）、『学問のすゝめ講説』（風間書房、昭和43年）、『福澤諭吉論考』（吉川弘文館、昭和44年）など。近世文学の研究書、エッセイも多数。

明治人の観た福澤諭吉

2009年7月25日　初版第1刷発行

編　者――――伊藤正雄
発行者――――坂上弘
発行所――――慶應義塾大学出版会株式会社
〒108-8346　東京都港区三田2-19-30
TEL〔編集部〕03-3451-0931
〔営業部〕03-3451-3584〈ご注文〉
〔　〃　〕03-3451-6926
FAX〔営業部〕03-3451-3122
振替　00190-8-155497
http://www.keio-up.co.jp/
装丁・本文デザイン―中垣信夫＋西川圭［中垣デザイン事務所］
印刷・製本――萩原印刷株式会社
カバー印刷――株式会社太平印刷社

Printed in Japan　ISBN 978-4-7664-1654-1